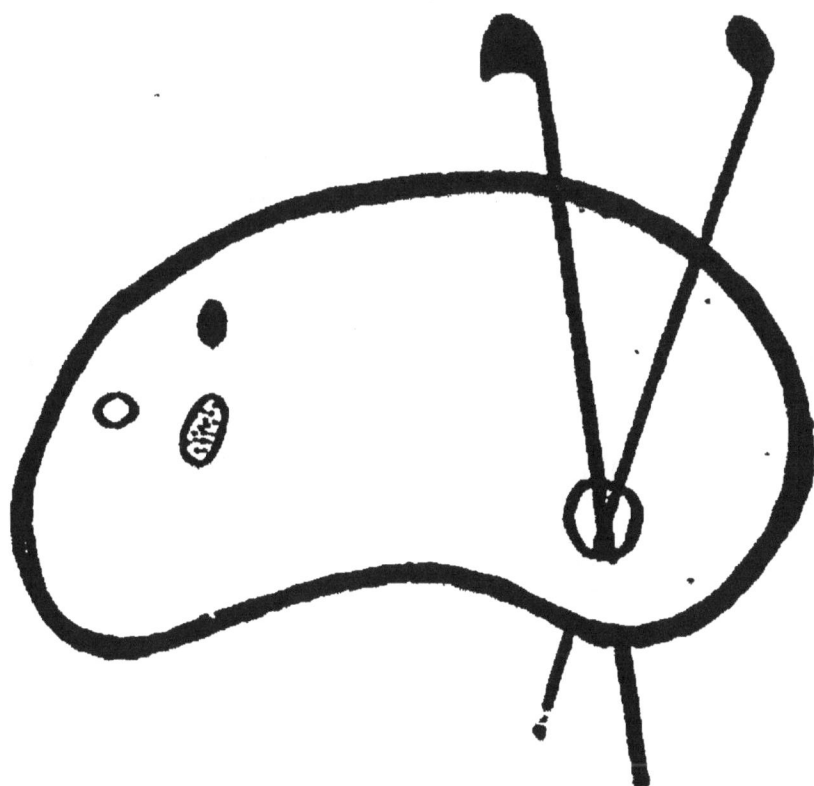

DEBUT D'UNE SERIE DE DOCUMENTS
EN COULEUR

UNIVERSITÉ DE FRANCE. — FACULTÉ DE DROIT DE DIJON.

DROIT ROMAIN

DE LA RÉALISATION
DU
GAGE HYPOTHÉCAIRE

DROIT FRANÇAIS

DES RÈGLES SPÉCIALES
A LA PUBLICITÉ DES HYPOTHÈQUES
ET DES PRIVILÈGES IMMOBILIERS
AU POINT DE VUE DE L'EXERCICE DU DROIT DE SUITE

THÈSE POUR LE DOCTORAT

Soutenue le mardi 8 juillet 1890

PAR

Henri PINON

JUGE SUPPLÉANT A MACON
LICENCIÉ ÈS-LETTRES
LAURÉAT DE LA FACULTÉ DE DROIT.

DIJON
IMPRIMERIE EUGÈNE JOBARD
Place Darcy, 9.

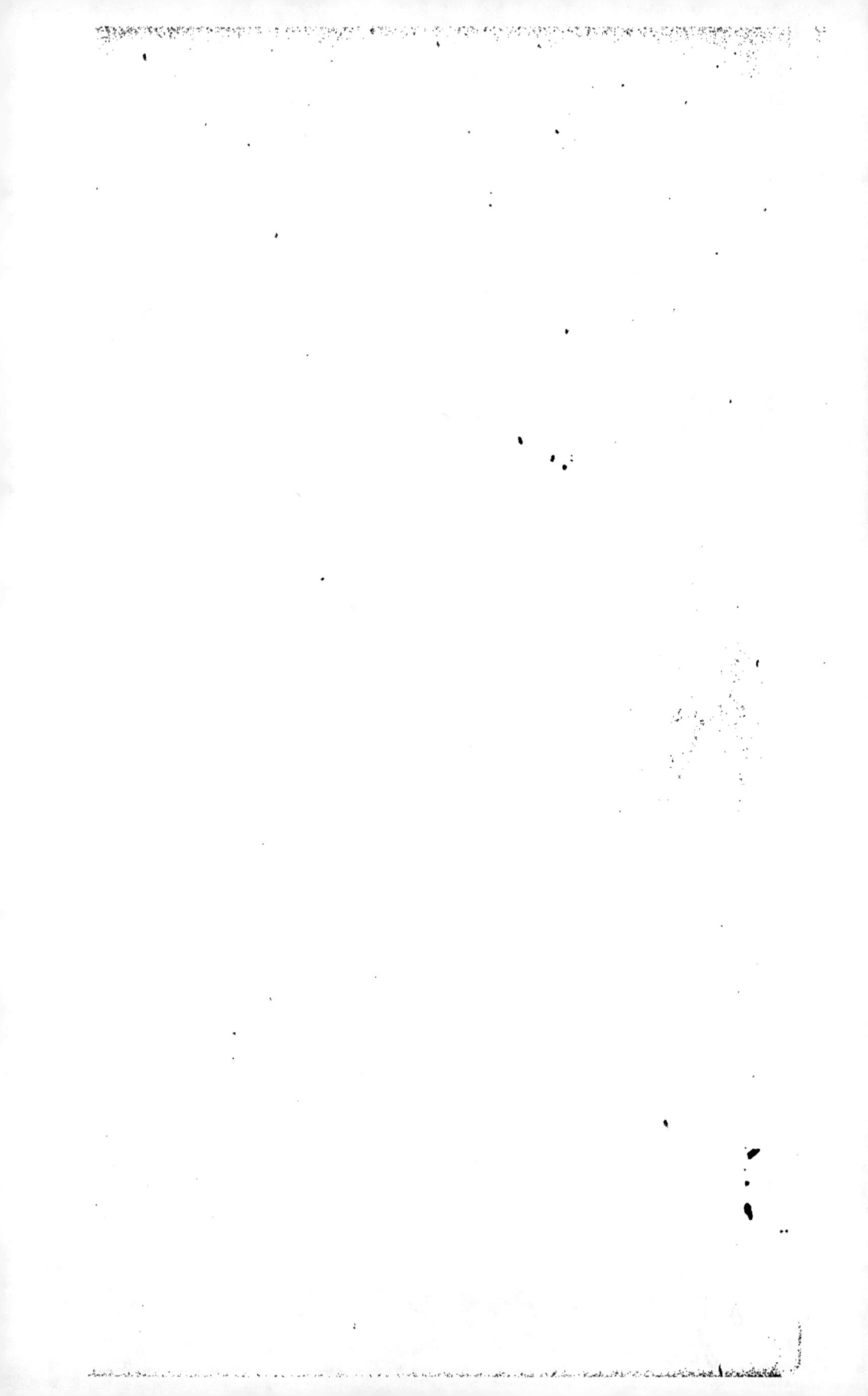

UNIVERSITÉ DE FRANCE. — FACULTÉ DE DROIT DE DIJON.

DROIT ROMAIN

DE LA RÉALISATION
DU

GAGE HYPOTHÉCAIRE

DROIT FRANÇAIS

DES RÈGLES SPÉCIALES
A LA PUBLICITÉ DES HYPOTHÈQUES
ET DES PRIVILÉGES IMMOBILIERS
AU POINT DE VUE DE L'EXERCICE DU DROIT DE SUITE

THÈSE POUR LE DOCTORAT
Soutenue le mardi 8 juillet 1890

PAR

Henri PINON
JUGE SUPPLÉANT A MACON
LICENCIÉ ÈS-LETTRES
LAURÉAT DE LA FACULTÉ DE DROIT

Sous la présidence de M. VILLEQUEZ, doyen.

SUFFRAGANTS { MM. GUENÉE, professeur.
RENARDET, id.
LOUIS-LUCAS, agrégé.

DIJON
IMPRIMERIE EUGÈNE JOBARD
Place Darcy, 9.

DROIT ROMAIN

—⚹—

DE LA

RÉALISATION DU GAGE HYPOTHÉCAIRE

—⚹—

INTRODUCTION

——

Les garanties réelles n'ont joué dans le droit romain qu'un rôle secondaire. Longtemps on considéra que les obligations, lien personnel, ne pouvaient engager que la personne du débiteur : de là le droit, pour le créancier, de saisir son débiteur, de le faire travailler à son profit pour se payer. Ce droit dérivait, soit de la convention établie dans la forme appelée *nexum*, soit de la sentence du juge, *addictio*, qui adjugeait au créancier le débiteur qui ne s'était pas acquitté ; la voie d'exécution judiciaire

aboutissait au même résultat que la sûreté conventionnelle. Il est probable que la confiscation de la liberté du
débiteur au profit de son créancier emportait accessoirement la confiscation de ses biens. Quoi qu'il en soit, de
tels procédés d'exécution ne pouvaient exister qu'à une
époque encore barbare ; le progrès de la civilisation devait les faire disparaître. D'ailleurs, s'ils étaient durs pour
le débiteur, on comprend qu'ils ne permettaient pas toujours au créancier d'obtenir ce qui lui était dû ; aussi les
prêteurs d'argent, lorsque l'emprunteur ne leur inspirait
pas toute confiance, cherchèrent-ils des sûretés en dehors
de lui. Mais au lieu de les chercher dans ses biens, ce qui
nous semble aujourd'hui si simple et si logique, ce fut encore à des sûretés personnelles qu'ils eurent recours : à
l'appui de l'obligation de leur débiteur principal, ils
demandèrent l'engagement d'autres personnes dont la solvabilité leur était mieux connue : de là les diverses catégories de débiteurs accessoires, s'obligeant pour autrui,
tels que *fidéjusseurs, mandatores pecuniæ credendæ*, etc.
Les Romains préférèrent toujours ces sortes de garanties
aux sûretés réelles. Quelle que soit la raison de cette préférence, qui s'explique surtout, croyons-nous, par la tradition, il en résulta que, tandis que les garanties personnelles étaient développées et perfectionnées par la
législation et les travaux des jurisconsultes, les garanties
réelles étaient laissées un peu de côté. Il est cependant inté-
ressant de suivre l'évolution de la législation romaine dans
cette matière et de voir comment naquit et se développa
cet instrument de crédit qui joue un si grand rôle dans le
droit moderne, l'hypothèque.

L'objet de notre étude sera la réalisation du gage hypothécaire : nous rechercherons comment la chose qui

fait l'objet de l'hypothèque est mise à la disposition du créancier hypothécaire et comment il arrive à se payer sur cette chose. Nous verrons que le moyen normal qu'il emploie dans ce but est la vente, la *distractio pignoris ;* dans certains cas seulement le créancier se désintéressera en gardant la chose elle-même en paiement : mais il y a toujours, même dans ce cas, une mise en vente. Nous aurons donc à exposer le fonctionnement de l'action hypothécaire, puis les règles de la *distractio pignoris* et ses conséquences au point de vue du désintéressement du créancier et de l'extinction de la dette ; nous ne nous occuperons pas de ses effets à l'égard de l'acquéreur.

Nous devrons naturellement nous placer à l'époque où la théorie de l'hypothèque a atteint son développement complet. Mais auparavant il est nécessaire de parcourir les divers moyens qui ont été employés depuis l'origine du droit romain, pour permettre aux créanciers de tirer parti des sûretés réelles qui leur étaient accordées par leurs débiteurs.

HISTORIQUE

Les sûretés réelles, au point de vue de la manière dont elles prennent naissance, sont de deux sortes : les unes résultent, soit expressément, soit tacitement, de la convention formée entre les parties; les autres naissent par l'ordre du magistrat. Nous parlerons successivement des unes et des autres dans ce court exposé historique.

Selon certains auteurs, le droit romain ne connaissait à l'origine qu'une seule forme de contracter, le *nexum* ou *mancipatio per æs et libram*, d'où seraient sorties les quatre classes de contrats du droit classique. Il nous semble difficile d'admettre que les formalités compliquées du *nexum* aient jamais été nécessaires pour la formation des obligations les plus usuelles. Tout ce qu'on peut dire, c'est que ce procédé était employé en matière de prêt d'argent et peut-être n'était-il même dans ce cas que facultatif. (Accarias, *Précis de Dr. romain*, II, p. 494, n° 1.) Mais il est certain que dans le droit primitif, les sûretés réelles se constituaient par une aliénation : le débiteur transférait au créancier par la *mancipatio* ou l'*in jure cessio* (1) la propriété d'un objet que le créancier s'obligeait, par une clause de fiducie, à lui retransférer s'il était payé à l'échéance ; c'est ce qu'on appelait *mancipatio fiduciæ causa*. Il est probable qu'à l'origine le débiteur s'en remettait simplement à la bonne foi du créancier et n'avait aucune action pour recouvrer sa chose lorsqu'il s'était acquitté ; mais on ne tarda pas à lui donner pour cela l'action *fiduciæ*. Sa situation restait toutefois assez défavorable, car il n'avait qu'une action personnelle, tandis que le créancier était propriétaire du gage et pouvait l'aliéner valablement. Ce procédé avait en outre l'inconvénient de priver le débiteur de l'usage de sa chose et du profit qu'il pouvait en tirer. Pour y remédier, l'habitude s'introduisit de laisser la possession de la chose au débiteur au moyen d'un contrat de louage ou d'un *precarium*. Mais il n'en restait pas moins exposé à se voir définitivement dépouillé par une aliénation consentie par le créancier. Le débiteur pouvait

---

(1) Le pacte de fiducie ne pouvait être adjoint à une tradition.

bien, si la chose ne lui était pas remancipée par le créancier, en recouvrer la propriété quiritaire par l'*usureceptio*,
sorte d'usucapion pour laquelle une possession d'un an
était suffisante ; mais encore fallait-il qu'il eût cette possession (1).

Les antiques formes de la *mancipatio* et de l'*in jure
cessio* étaient devenues insuffisantes pour la formation de
tous les contrats auxquels les besoins de la pratique don-
naient lieu. On admit que la simple remise d'une chose
pourrait donner naissance à un contrat, sans que la propriété fût nécessairement transférée. Dès lors le débiteur
pouvait engager sa chose pour sûreté de sa dette par la
simple remise de la possession au créancier et sans se
dépouiller de la propriété. Il se formait ainsi un contrat
réel appelé *pignus,* en vertu duquel le créancier, payé à
l'échéance, était tenu, par l'action *pigneratitia directa*, de
restituer le gage au débiteur. Ce procédé avait encore
l'inconvénient de priver le débiteur de la possession de
sa chose pour la donner au créancier, entre les mains
duquel elle pouvait souvent être d'une exploitation plus
difficile et moins fructueuse ; en outre une chose, ne pouvant être possédée que par une personne à la fois, ne
pouvait servir de gage qu'à un créancier, alors même que
sa valeur eût dépassé de beaucoup le montant de la dette.
Quant au créancier, il n'était encore qu'assez imparfaitement protégé : à l'origine, il n'avait aucun moyen de recouvrer la possession s'il venait à la perdre ; il ne pouvait
vendre la chose sans le consentement du débiteur ; il ne
pouvait même s'en servir sans commettre un *furtum usus*.
Il est vrai que le préteur ne tarda pas à lui donner des

<hr>

(1) Jourdan, *de l'Hypothèque,* I, ch. 5 et 6.

interdits pour protéger sa possession, que le droit de vendre lui fut reconnu, même nonobstant toute clause contraire. Mais il y avait des cas où il était impossible au débiteur de se dessaisir des choses qui constituaient le seul gage qu'il pût offrir à son créancier. Telle était la situation du fermier d'un bien rural, qui n'avait souvent d'autre fortune que son matériel agricole et les esclaves qu'il employait à la culture : il est évident qu'il ne pouvait exploiter qu'à la condition de les avoir à sa disposition.

C'est en vue de cette hypothèse que le préteur sanctionna une convention par laquelle le matériel agricole était affecté à la garantie du propriétaire tout en restant entre les mains du fermier. Le propriétaire avait le droit de le vendre s'il n'était pas payé à l'échéance. Pour cela il fallait qu'il obtint la possession, ou du moins qu'il eût pour l'acquérir une action qu'il pût céder à l'acheteur : le préteur lui donna une action réelle qui fut appelée action Servienne. Le droit du créancier sur les objets engagés fut appelé hypothèque (1) . Des conventions semblables se formèrent pour garantir des créances de toute nature et furent sanctionnées par une action analogue qu'on appela quasi-Servienne.

---

(1) Le mot hypothèque est emprunté au grec, et on considère généralement l'institution à laquelle il s'applique comme originaire de la Grèce. M. Caillemer, qui a fait du droit grec l'objet spécial de ses recherches, y trouve le germe de quelques-unes des institutions du droit romain, et notamment de l'hypothèque. D'autres vont même plus loin : d'après M. Revillout (*les Oblig. en dr. égyptien*, introd., p. LVIII-LXI), l'hypothèque aurait été pratiquée très anciennement en Egypte, aurait passé de là en Chaldée et aurait été importée à Rome par les Phéniciens et les Grecs. Cependant l'origine grecque de l'hypothèque est vivement combattue par M. Jourdan dans son *Traité de l'hypothèque*, ch. 18. Suivant lui, la notion d'hypothèque était très ancienne à Rome, et il en cite comme exemple (ch. 7) la *prædiorum subsignatio*, déclaration écrite par laquelle tout adjudicataire de la ferme des impôts, ou des biens du domaine public, ou de travaux publics engageait ses biens envers l'Etat, comme gage de l'exécution de ses obligations.

Le contrat de *pignus* ne fut pas supprimé par la création de l'hypothèque. Les deux institutions fonctionnèrent côte à côte et réagirent l'une sur l'autre; le *pignus* ne se distingue en somme de l'hypothèque qu'en ce qu'il implique que le créancier est nanti du gage. L'exercice de l'action hypothécaire, en rendant le créancier possesseur de la chose hypothéquée, le mettait dans la même situation qu'un créancier gagiste.

A côté des sûretés réelles résultant expressément de la convention des parties et de celles que la loi attache à certaines conventions et qui sont appelées hypothèques tacites, nous avons dit qu'il existe des sûretés réelles judiciaires, établies par l'ordre du magistrat. Ce sont le *prælorium pignus* et le *pignus ex causa judicati captum*. Le premier prend naissance dans le cas où le préteur envoie le demandeur en possession des biens du défendeur, par la *missio in possessionem*. Le *pignus ex causa judicati captum* résulte de la *pignoris capio*, saisie de certains biens du défendeur ordonnée par le magistrat, soit comme moyen de contrainte ou comme punition contre les contumax, soit comme moyen d'exécution contre un débiteur qui a avoué la dette ou qui a été condamné, s'il ne paie pas dans le délai qui lui est accordé (1).

Toutes ces sûretés réelles aboutissent à mettre le créancier à même de se payer sur la chose engagée, soit en la vendant pour en toucher le prix jusqu'à concurrence de sa créance, soit, dans certains cas, en la conservant en paiement. Pour y arriver, le créancier se fera le plus souvent livrer la chose s'il n'en est déjà possesseur, afin d'en pouvoir à son tour transférer la possession à l'acquéreur;

_____

(1) En vertu d'une constitution d'Antonin le Pieux.

il peut aussi, il est vrai, la vendre sans en être possesseur, pourvu qu'il mette l'acheteur à même d'en prendre possession en lui cédant son action : dans ce cas, ce sera l'acquéreur qui exercera l'action hypothécaire. Nous supposerons, ce qui est le cas ordinaire, que cette action est exercée par le créancier avant la vente. La réalisation du gage hypothécaire comprendra donc deux phases : la prise de possession par le créancier, dans le cas seulement où il ne possède pas déjà, et la vente du gage.

PREMIÈRE PARTIE

DE LA PRISE DE POSSESSION DE LA CHOSE HYPOTHÉQUÉE

Le créancier gagiste proprement dit avait en principe la possession du *pignus,* et cette possession était protégée par les interdits ordinaires *retinendæ possessionis.*

S'il venait à la perdre, il avait les interdits *recuperandæ possessionis.* (L. 16, *de Usurp.,* XLI, 3.) Tous ces interdits étaient donnés même contre celui qui avait constitué le gage. (L. 6, § 4, *de Precario,* XLIII, 26. Ce texte indique que souvent la possession précaire du gage était laissée au débiteur (1); le créancier avait alors pour recouvrer la possession l'interdit *de precario.*)

Lorsqu'il y avait, non plus un gage proprement dit, mais

---

(1) Cela avait lieu souvent à l'époque antérieure au contrat de *pignus,* où la propriété de la chose donnée en garantie était transférée au créancier. L'interdit *de precario* trouvait son application dans ce cas. (Savigny, *de la Possession,* § 42 *in fine.*

une hypothèque, le créancier n'avait jamais la possession. On a prétendu qu'en constituant hypothèque, le débiteur consentait implicitement à ce que, l'échéance venue, le créancier non payé se mît immédiatement en possession de sa propre autorité. On s'est appuyé, pour soutenir cette opinion, sur la loi 3, C., *de Pign.*, VIII, 14, ainsi conçue : « *Creditores qui conventionis legem ingressi possessionem exercent, vim quidem facere non videntur, attamen auctoritate præsidis possessionem adipisci debent.* » Mais cette doctrine est formellement contredite par la loi 8 *ad legem Juliam*, qui condamne à l'infamie et à la perte du tiers de ses biens le créancier qui prendrait ainsi possession des biens du débiteur. La loi 8 est d'ailleurs confirmée par Paul *(Sent.,* liv. XI, t. 14, § 5) et par un décret de Marc-Aurèle (l. 13, *Quod metus causa,* IV, 2), qui punit de la perte de sa créance le créancier qui, même de bonne foi et sans violence, s'emparerait de la chose qui lui est réellement due. La constitution de Sévère, citée plus haut, ne peut se comprendre que comme se référant au cas où un pacte *de auferendo* a expressément autorisé le créancier à se mettre en possession. Encore recommande-t-elle au créancier, pour éviter toute difficulté, de recourir à l'autorité du magistrat. Il faut donc repousser la théorie qui permet au créancier de se mettre en possession de sa propre autorité : cette théorie est d'ailleurs abandonnée aujourd'hui ; mais elle était très accréditée et mise en pratique au moyen âge.

Pour obtenir la possession de la chose hypothéquée, deux voies peuvent être ouvertes au créancier : une voie possessoire, l'interdit Salvien, dans un cas particulier, et une voie pétitoire, l'action Servienne ou quasi-Servienne. L'une et l'autre permettent au créancier de suivre la chose hypothéquée entre les mains de tout détenteur : il a sur elle un droit réel auquel les jurisconsultes modernes ont donné le nom de droit de suite.

CHAPITRE Ier

De l'Interdit Salvien.

L'interdit Salvien fut créé par un préteur du nom de Salvius pour protéger le droit du bailleur d'un bien rural sur le matériel affecté par le fermier à la garantie du paiement des fermages. Il trouve son application dans la même hypothèse que l'action Servienne. Il paraît être le premier moyen imaginé pour sanctionner cette forme primitive de la convention d'hypothèque : on fut probablement conduit à donner ce moyen de protection au bailleur d'un fonds rural par la pensée de le mettre dans une situation équivalente à celle du bailleur d'un *prœdium urbanum*, qui était autorisé à s'opposer, en fermant les portes et les fenêtres, à l'enlèvement des meubles placés dans la maison par le locataire; ce procédé s'appelait la *perclusio;* pour triompher d'une *perclusio* injuste, le locataire pouvait obtenir l'interdit *de migrando*.

L'interdit est donc antérieur à l'action Servienne : c'est en effet un moyen de protection plus primitif qu'une action. C'est par conséquent à tort qu'on a attribué la création de l'interdit Salvien à Salvius Julianus, contemporain d'Adrien; il faut la faire remonter beaucoup plus haut (1).

_____

(1) Machelard, *Interdits en dr. romain*, II, ch. 1er, § 2, p. 108, n° 1.

A qui et contre qui cet interdit est-il donné? — Il est donné au bailleur d'un bien rural, propriétaire ou non, qui a une hypothèque pour sûreté du paiement des fermages, contre tout détenteur des choses grevées de cette hypothèque, que ce soit le constituant ou un tiers. Pour soutenir qu'il ne pouvait être exercé contre un tiers, on a invoqué un rescrit de Gordien qui forme la loi 1, C., *de prec. et Salv. interd.*, VIII, 9, et qui est ainsi conçu : « *Si te non remittente pignus, debitor tuus ea quæ tibi obnoxia sunt venumdedit : integrum tibi jus est ea persequi, non interdicto Salviano (id enim tantummodo adversus conductorem debitoremve compelit), sed Serviana actione, vel quæ ad exemplum ejus instituitur, utilis adversus emptorem exercenda est.* » Ce texte suppose que le débiteur a vendu les choses affectées au gage du bailleur : ces objets sont par conséquent entre les mains d'un tiers acquéreur. D'après le rescrit de Gordien, le bailleur ne pourra suivre ces objets par l'interdit Salvien, mais seulement par l'action Servienne, « car l'interdit n'est donné que contre le preneur ou le débiteur. » Sans trancher ici la question de savoir si l'interdit Salvien peut être donné contre un débiteur autre qu'un *colonus*, il est certain, si on traduit comme nous le faisons ci-dessus les mots « *conductorem debitoremve*, » qu'il n'est pas donné contre un tiers. Mais ce texte, pris à la lettre, serait en contradiction avec d'autres textes très clairs, notamment la loi 1, § 1er, D., *de Salv. interd.*, XLIII, 33, et Théophile, IV, 15, § 3 *in fine*, qui disent positivement que l'interdit Salvien peut être exercé contre tout possesseu Il est facile, croyons-nous, d'en donner l'explication en faisant remarquer que le rescrit de Gordien n'est qu'une décision d'espèce qui ne tranche pas la question de droit. On peut penser d'ailleurs qu'il s'agit dans l'espèce d'un créancier autre qu'un *locator,* puisque le texte parle de l'action créée sur le modèle de l'action Servienne, c'est-à-dire apparemment de la quasi-Servienne. Dans ces conditions, il est certain que l'interdit Salvien ne pourrait fonctionner, car il n'est applicable qu'au droit de gage qui appartient au bailleur d'un bien rural pour sûreté de ses créances contre le fermier. Le texte indiquerait seulement que le débiteur ne peut être poursuivi par l'interdit Salvien qu'à la condition d'être en même temps *conductor,* débiteur en vertu d'un bail de fonds rural ; le sens serait le même que s'il y avait « *adversus conductorem debitoremque,* » ce qui ne serait pas incorrect (1). Nous aurons du reste l'occasion de revenir sur ce texte.

Il est possible aussi que de l'époque de Julien à celle de Gordien la législation ait changé et qu'au temps de ce dernier l'interdit n'ait plus été donné contre les tiers contre lesquels on avait l'action Servienne (2).

Objet et nature de l'interdit Salvien. — L'interdit Salvien a pour objet de faire obtenir au bailleur la possession du *pignus :* c'est donc un interdit *adipiscendæ possessionis* (3). Sa formule ne nous étant pas parvenue, on se demande s'il était restitutoire ou prohibitoire. Des auteurs ont pensé qu'il était restitutoire comme l'interdit *de precario* dont il se trouve rapproché dans les textes du Code et dont il ne serait qu'une extension. Mais il est plus naturel de penser qu'il était prohibitoire : il n'oblige le

(1) V. Machelard, *Interdits en dr. romain,* II, ch. 1er, § 2, p. 117.
(2) *Sic :* Jourdan, I, ch. 11 *in fine.*
(3) Gaius, IV, § 147. V. Machelard, *Interdits en dr. romain,* II, ch. 1er, § 2, p. 106.

défendeur à rien : il devait donc être dans la formo « *vim fieri velo* (1). » D'ailleurs les textes sont conformes à cette opinion. (L. 52, § 2, *de Acq. poss.* Co texte indique que le fait d'interdire qu'il soit fait violence à celui qui entre en possession équivaut à lui donner la possession.)

A quelles conditions le demandeur triomphait-il dans l'interdit Salvien ? — Le demandeur devait prouver qu'il avait un droit d'hypothèque sur les choses dont il réclamait la possession et que ces choses avaient été apportées sur le fonds loué, *invecta et illata.* (Théophile, IV, 15, § 3 *in fine.*) Une convention était nécessaire pour affecter le matériel du colon à la garantie du bailleur, tandis que le bailleur d'un *prædium urbanum* avait un droit de gage tacite sur les *invecta et illata* (2). Les textes exigent que les choses apportées sur le fonds y aient été placées d'une façon définitive, *ut ibi sint.* (L. 7, § 1er, *In quibus causis.*) (3) Mais le propriétaire d'un fonds rural avait, lui aussi, un gage tacite, qui existait en dehors de toute convention : les fruits du fonds loué étaient affectés à la sûreté des fermages. On peut donc se demander si l'interdit Salvien s'étendait aux fruits. Il n'y a aucun texte relatif à cette question, mais on doit admettre, semble-t-il, l'affirmative, puisque le droit du bailleur est le même sur les fruits que sur les choses qui lui ont été expressément hypothéquées. Seulement, pour les fruits il n'y aura évidemment pas à prouver qu'ils ont été apportés sur le fonds, puisqu'ils y ont pris naissance (4). Aussi la loi 32 *de Pignor.* ajoute-t-elle à côté de la mention des *inducta, invecta, impor-*

---

(1) Machelard, *Interdits en dr. romain,* II, chap. Ier, § 2, p. 109.

(2) V. l. 4 pr., *In quibus causis pignus,* XX, 2.

(3) V. aussi l. 32 *de Pignor.*

(4) V. Machelard, *Interdits en dr. romain,* II, ch. Ier, § 2, p. 114 et 115.

tata, les mots « *ibi nata, paratave essent,* » qui s'appliquent aux fruits.

Il n'était pas nécessaire, dans l'interdit Salvien, de démontrer la validité du *pignus :* c'est en quoi cet interdit n'est qu'une voie possessoire : le fond du droit n'y est pas débattu; le créancier est mis en possession, mais la question de savoir s'il a vraiment un droit réel, lui permettant de vendre les choses dont la possession lui a été donnée, reste intacte. Le propriétaire pourra donc, pensons-nous, revendiquer sa chose entre les mains du créancier qui en a obtenu la possession par l'interdit Salvien ; celui-ci excipant alors de la convention de gage, le propriétaire pourrait répliquer que le gage n'a pas été valablement constitué. La loi 2, D., *de Salv. interdicto,* donne une solution qui s'applique à une hypothèse analogue : « *In Salviano interdicto, si in fundum communem duorum pignora sint ab aliquo invecta, possessor vincet, et erit eis descendendum ad Servianum judicium.* » On explique ainsi ce texte : des objets ont été apportés par leur propriétaire Titius, autre que le fermier (*ab aliquo*), sur le fonds commun. Titius a autorisé le fermier à les hypothéquer à l'un des deux copropriétaires, Primus ; le fermier les a hypothéqués aux deux, à Primus et à Secundus : l'hypothèque n'est régulièrement constituée qu'à l'égard de Primus. Ulpien pense que Secundus, s'il possède les objets, triomphera dans l'interdit Salvien, c'est-à-dire conservera la possession, puisqu'il n'a pas à prouver la validité de l'hypothèque ; mais si Primus intente l'action Servienne, il triomphera en démontrant que l'hypothèque n'est régulièrement constituée qu'à son égard (1). Secundus aurait

---

(1) V. Rudorff, *Zeitschrift,* XIII, 213. Vangerow, I, § 390, p. 395.

succombé de même devant une revendication exercée par Titius, comme nous l'exposions plus haut. Quelle que soit l'interprétation que l'on donne à la loi 2, elle paraît bien en tout cas établir que l'action Servienne tranche le fonds du droit que l'interdit n'atteint pas. On pourrait cependant contester cette solution en s'appuyant sur la loi 10, *de Pignor. et hypoth.*, XX, 1. Mais on remarquera que cette loi prévoit la même hypothèse et est conçue à peu près dans les mêmes* termes que la loi 1, § 1er, D., *de Salv. interd.*, dont nous parlerons ci-après. Il est donc probable qu'Ulpien voulait simplement reproduire l'opinion de Julien et qu'il songeait comme lui à l'interdit Salvien ; d'autant plus que la loi 10 est tirée du livre 75 du commentaire *ad Edictum*, où Ulpien traitait de l'interdit Salvien. Les rédacteurs des Pandectes auraient transporté ce fragment dans le titre *de Pignoribus,* en remplaçant les mots « *Salviano interdicto* » par « *Serviana* » et « *colonus* » par « *debitor.* » Nous ne croyons donc pas qu'on puisse tirer argument de la loi 10 pour prétendre que dans l'action Servienne comme dans l'interdit Salvien le possesseur doit triompher (1). Ce serait d'ailleurs contraire au caractère de cette action, dans laquelle le demandeur affirme un droit sur la chose, ce qui ne peut s'entendre que d'un droit valablement constitué. Le domaine de l'interdit Salvien et celui de l'action Servienne sont donc distincts, quoique souvent l'un et l'autre atteignent aussi bien le but que se propose le poursuivant.

La loi 1, § 1er, *de Salv. interd.*, traite de l'hypothèse où deux copropriétaires ont loué un immeuble commun et

---

(1) Machelard, *Interdits en dr. romain*, II, ch. 1er, § 2, p. 116 et su... Jourdan, *Hypothèque*, I, ch. 16, p. 132 et suiv.

obtenu une hypothèque sur les choses appartenant au fermier. Si l'hypothèque a été constituée *in solidum*, tous deux auront l'interdit contre les tiers, mais dans leurs rapports réciproques, le possesseur triomphera, conformément à la solution que nous avons donnée ci-dessus. Si l'hypothèque a été constituée divisément, chacun des copropriétaires pourra exercer l'interdit et contre l'autre et contre les tiers (1).

L'interdit Salvien pouvait être employé même avant l'échéance : la loi 14 *pr. de Pignor.* dit que l'on peut avant l'échéance *persequi pignora.* Il y a discussion sur le point de savoir si ce texte se réfère à l'interdit Salvien ou à l'action hypothécaire. Selon nous, il vise l'action hypothécaire; mais ce qui est vrai de cette action doit l'être à plus forte raison de l'interdit, qui n'a qu'un caractère provisoire. Il y a là une garantie contre un fermier dont la solvabilité paraîtrait compromise. Il faut croire que le préteur n'accordait l'interdit dans ce cas que si les craintes du bailleur lui paraissaient fondées.

L'interdit Salvien était donné aussi, sous le nom d'*utile interdictum,* pour obtenir la possession des fruits produits par la chose entre les mains du tiers possesseur.

On s'est demandé si, de même que l'action Servienne

___

(1) Le texte dit : « *Utilis actio .. dari debebit.* » Des auteurs en ont conclu que l'interdit Salvien ne pouvait être donné qu'à raison d'une chose engagée en totalité. Lorsqu'il n'y aurait engagement que pour partie, il faudrait recourir à l'action Servienne, désignée par le texte sous le nom d'*utilis actio.* Mais cette opinion n'est fondée sur rien. Il est, au contraire, vraisemblable que les mots *utilis actio* ne désignent pas, dans la loi 1, l'action Servienne, car dans l'hypothèse indiquée, ce n'est pas à titre d'action utile qu'elle serait donnée. Les mots *utilis actio* désignent bien plutôt l'interdit Salvien. L'expression *actio* comprend, en effet, les interdits, comme le prouve la loi 37 *de Oblig.*, XLIV, 7. Quant au mot *utilis,* il n'a sans doute, dans la loi 1 comme dans quelques autres textes, que le sens d'*efficace.*

avait été appliquée, sous le nom de quasi-Servienne, à toutes les hypothèques, il n'y avait pas aussi un interdit quasi-Salvien, donné à tout créancier autre que le bailleur d'un fonds rural. On a invoqué pour le soutenir divers textes, notamment la loi 2, § 3, *de Interdictis*, la loi 3, C., *de Pignoribus*, la loi 1, C., *de Precario et Salviano interd.*, et Paul, *Sent.*, V, 6, § 16. Dans le premier de ces textes, Paul, énumérant les interdits *adipiscendæ possessionis*, cite l'interdit Salvien « *quod est de pignoribus.* » Cet interdit a bien trait en effet à une question de *pignus*, mais où voit-on dans ce texte qu'il s'applique à tous les cas de *pignus?* La loi 3, C.; *de Pignor.*, peut s'entendre aussi bien de l'action hypothécaire que de l'interdit. Dans la loi 1, C. *de Prec.*, dont nous avons déjà parlé plus haut, on invoque les mots « *conductorem debitoremve,* » d'où il semble résulter que l'interdit Salvien peut être exercé contre un débiteur autre que le *conductor*. Mais nous avons vu que les mots *conductorem debitoremve* paraissent désigner la même personne, le débiteur qui serait en même temps *conductor* : la loi 3 aurait ainsi précisément pour objet d'indiquer que l'interdit Salvien ne peut être exercé contre un débiteur que s'il doit en vertu d'un bail de fonds rural.

Quant au passage de Paul, il indique que l'interdit, comme l'action hypothécaire, n'est pas donné pour certains objets appartenant au débiteur qui a consenti une hypothèque générale; or, dit-on, on ne comprendrait pas que Paul signale ces exceptions, si l'interdit n'était pas applicable aux choses qui font l'objet d'une hypothèque générale, et s'il peut s'y appliquer, c'est qu'il ne fonctionne pas seulement pour l'hypothèque qui appartient au bailleur sur les biens du colon, mais que tout créancier hypo-

thécaire peut y recourir. Mais on peut très bien considérer le droit du bailleur sur les *invecta et illata* comme
une sorte d'hypothèque générale. Au reste, l'interdit dont
parle le texte n'est pas nécessairement l'interdit Salvien
ou quasi-Salvien. Le créancier gagiste qui a exigé un
pignus sur l'ensemble des biens de son débiteur et en a
obtenu la possession, sauf à la remettre à titre précaire
au débiteur, jouit des interdits possessoires ; il pourrait
notamment exercer l'interdit *de precario* contre le débiteur
qui aurait conservé la possession précaire. Le texte cite
seulement quelques objets dont il ne pourra obtenir la
possession même par le moyen d'un interdit, mais rien
n'indique qu'il s'agisse de l'interdit Salvien.

Aucun des textes que nous venons d'examiner ne contredit donc nettement notre opinion. Dans tous les frag-
ments du Digeste et du Code qui se réfèrent à l'interdit
Salvien, il s'agit d'un gage constitué par un *colonus ;* il est
certain que si cet interdit s'était généralisé, on trouverait
des décisions se référant à un grand nombre d'autres hypothèses, comme nous le voyons pour l'action quasi-Servienne (1).

---

(1) *Sic :* Jourdan, *Hypoth.*, ch. 16, p. 137 et suiv.

CHAPITRE II

Dé l'action Servienne.

L'interdit Salvien avait été le premier moyen créé par le
préteur pour protéger le créancier dans le cas où les
choses engagées avaient été apportées sur le fonds loué et
mises par là, jusqu'à un certain point, à la disposition du
bailleur. Mais cette condition restreignait forcément l'utilité
de l'interdit. Il faut ajouter à cela qu'il n'était donné
qu'une fois, comme tous les interdits *adipiscendæ possessionis*, que la procédure en était longue et périlleuse; enfin nous avons vu qu'il ne tranchait que la question de
possession : le bailleur n'était pas obligé de prouver la
validité du *pignus*, et par suite le débiteur injustement
dépossédé pouvait exercer la revendication. Il était nécessaire de donner au créancier un moyen pétitoire lui permettant de réaliser définitivement un gage valablement
constitué. Ce fut encore en faveur du bailleur d'un bien
rural que ce moyen fut d'abord créé par le préteur, à une
époque incertaine, probablement antérieure à Caton, qui
semble y faire allusion; Cicéron (*ad Famil.*, XIII, 56)
mentionne déjà l'hypothèque, ce qui implique l'existence
de l'action Servienne (1). Cette action est encore limitée

(1) Toutefois ce texte n'est pas absolument probant, car dans l'espèce il s'agit
d'un contrat passé par un Grec en Carie, c'est-à-dire en pays grec. L'hypothèque
pouvait y être usitée alors sans qu'elle fût connue à Rome. M. Accarias (*Pr. de
dr. romain*, 3e édition, n° 314) pense qu'au temps d'Auguste l'hypothèque ne
devait pas être usitée en Italie, et que Justinien a dû se tromper en disant (Inst.,
II, 8) que la loi Julia défendait au mari d'hypothéquer les biens de la femme,
même avec son consentement; cette prohibition résulterait plutôt du sénatus-
consulte Velléien. V. ce que nous avons dit ci-dessus de l'origine de l'hypothèque.

au cas où les choses qui en font l'objet ont été apportées sur le fonds. Sa création enleva presque toute utilité à l'interdit Salvien, qui subsista cependant pour les cas où le demandeur ne jugeait pas à propos de faire porter le débat sur le fond du droit. (Loi 2, D., *de Salv. interd.*)

L'action Servienne est donnée, comme l'interdit Salvien, au bailleur qui a un droit de *pignus* sur les choses qui ont été apportées sur le fonds par le fermier ou pour son compte, contre tout détenteur de ces choses. C'est une action réelle : le demandeur fait valoir le droit d'hypothèque qu'il a sur la chose : « *Aio hanc rem mihi pignoris nomine obligatam.* » C'est aussi une action *in factum :* il faut établir la formation du contrat de *pignus* comme pour l'interdit (loi 11, § 1er, *de Pign.*); en outre, il faut prouver la validité de l'hypothèque, établir par conséquent que le constituant était propriétaire et capable d'hypothéquer : ainsi, dans l'action Servienne, le fonds du droit est débattu. Pour que le demandeur triomphe, il faut encore que le défendeur ne puisse pas prouver que la dette a été payée, l'existence de la créance étant la condition de celle de l'hypothèque, qui en est l'accessoire. Nous retrouverons toutes ces conditions dans l'action quasi-Servienne, où nous les examinerons avec plus de détail; l'action Servienne ne se distingue de la quasi-Servienne qu'en ce qu'elle est exercée dans le cas où l'hypothèque est constituée pour sûreté des fermages, *pro mercedibus fundi,* et en ce qu'elle n'est donnée que pour les choses qui ont été apportées sur le fonds, *invecta et illata.* Son objet, comme nous l'avons indiqué, est de mettre le bailleur en possession du gage et à même de le vendre.

CHAPITRE III

De l'action quasi-Servienne.

L'action Servienne avait été créée pour une hypothèse spéciale. Mais les conventions d'hypothèque, à l'exemple de celle qui intervenait entre le bailleur et le fermier, se multiplièrent et le préteur dut les sanctionner par une action créée sur le modèle de l'action Servienne, à laquelle on donna le nom de quasi-Servienne ou hypothécaire. Elle est appelée aussi *vindicatio pignoris*, ou *pignoris persecutio*, ou *persecutio hypothecaria*, ou encore *pigneratitia in rem*, et même simplement *pigneratitia*, quoique ce nom soit celui de l'action personnelle née du *pignus*. Cette action a un caractère beaucoup plus général que l'action Servienne, qui n'en est que l'application à un cas particulier; un petit nombre de textes seulement se réfèrent à cette dernière, tandis que ceux qui traitent de l'action quasi-Servienne sont nombreux. Tout ce que nous dirons de l'action quasi-Servienne est également vrai de l'action Servienne, sauf les différences que nous avons signalées.

Nous savons déjà que l'action hypothécaire est une action réelle et pétitoire; c'est, comme l'indique le nom de *vindicatio pignoris*, une sorte de revendication appliquée au droit réel d'hypothèque. Elle est *in factum* comme l'action Servienne, puisqu'il faut prouver la convention d'hypothèque. Sa formule ne nous est point parvenue : on peut toutefois, d'après les indications fournies par les textes, la reconstituer ainsi : « *Judex esto, si paret eam rem de qua agitur, ab eo cujus in bonis tum fuit, Aulo Agerio pignori obligatam esse, propter pecuniam certam*

*creditam, eamque pecuniam neque solutam neque eo no-
mine satisfactum esse, neque per Aulum Agerium stare
quominus solvatur satisve fiat, nisi arbitratu tuo Numerus
Negidius aut rem Aulo Agerio restituat, aut pecuniam
solvat, quanti ea res est, tantam pecuniam Numerum Negi-
dium Aulo Agerio condemna, si non paret absolve.* « Cette
formule indique que l'action hypothécaire est arbitraire ;
nous verrons, en étudiant ses effets, en quoi consiste l'*arbitrium* du juge. Nous n'avons rien à ajouter quant à la
nature de l'action quasi-Servienne. Nous devons maintenant en étudier les conditions et les effets.

§ 1er.

CONDITIONS D'EXERCICE DE L'ACTION HYPOTHÉCAIRE

Ces conditions sont relatives au fond ou à la procédure.

Parmi les premières, nous distinguerons celles qui concernent le demandeur et celles qui concernent le défendeur.

Conditions relatives au demandeur. — L'action quasi-
Servienne est donnée à tout créancier hypothécaire pour
obtenir la possession du gage qui lui est affecté. Il faut
donc pour avoir cette action : 1° être créancier ; 2° avoir
une hypothèque ; 3° n'être pas en possession de la chose
grevée. Elle peut d'ailleurs être exercée par un ayant cause
du créancier hypothécaire, par un cessionnaire, comme
par le créancier lui-même : c'est ce qui arrive quand le
créancier vend sans être possesseur de la chose et cède
son action à l'acheteur. Peu importe le montant de la
créance : l'hypothèque porte toujours tout entière sur la

totalité de la chose qui en est grevée et sur chacune des parties de cette chose, alors même que la valeur en serait bien supérieure à la dette dont elle garantit le paiement, alors même qu'il ne subsisterait plus qu'une faible partie de cette dette. Selon la règle ordinaire, ce sera au créancier à prouver qu'une dette a été contractée envers lui; le défendeur pourra prouver qu'il s'est acquitté d'une manière quelconque (*eamque pecuniam neque solutam neque eo nomine satisfactum esse*). Il faut assimiler au cas où la dette a été payée celui où le créancier est en demeure, c'est-à-dire a refusé de recevoir le paiement ou l'a retardé par son fait (*neque per Aulum Agerium stare quominus solvatur satisve fiat*).

Le demandeur doit prouver la convention d'hypothèque : la preuve qu'il doit faire est celle d'un fait et non celle d'un droit sur la chose; la formule est conçue *in factum*. S'il s'agit d'une hypothèque tacite, il faudra prouver que la créance est de celles auxquelles la loi attache cette garantie; si l'hypothèque est conventionnelle, le demandeur devra démontrer qu'elle a été valablement constituée, par le propriétaire ou avec son consentement (*ab eo cujus in bonis tum fuit*).

Enfin l'action, ayant pour but d'acquérir la possession, ne peut être exercée que par celui qui ne possède pas.

Conditions relatives au défendeur. — Au point de vue du défendeur, la condition essentielle de l'exercice de l'action hypothécaire, comme de toute action réelle, c'est qu'il soit en possession, ou doive être considéré comme tel, soit parce qu'il a fait croire par dol qu'il possédait, soit parce qu'il a cessé par dol de posséder. (L. 16, § 3, *de Pignor.*) Le demandeur doit prouver que cette condition est remplie.

Il faut en outre que le possesseur contre lequel l'action est dirigée ne puisse pas opposer au demandeur un droit préférable au sien ; cela aurait lieu si ce possesseur était un créancier ayant une hypothèque antérieure à celle du poursuivant, ou avait acquis la chose d'un créancier antérieur (loi 12 *pr.* et § 7, *Qui potiores*), ou si c'était le vrai propriétaire, alors que l'hypothèque n'aurait été concédée que par un possesseur *ad usucapionem*. Le défendeur peut d'ailleurs faire rejeter la demande en opposant soit une des exceptions communes à toutes les actions, soit une de celles qui sont spéciales à l'action hypothécaire : le droit de rétention, en raison des impenses qu'il a faites relativement à la chose ; — l'*exceptio cedendarum actionum*, par laquelle il peut obliger le poursuivant, sous peine de voir sa demande repoussée, à lui céder les actions dont il dispose contre le débiteur, afin de s'assurer un recours efficace ; — le *beneficium excussionis personale*, créé par Justinien, qui oblige le créancier à poursuivre les débiteurs personnellement obligés à la dette, avant d'agir sur le bien hypothéqué (Nov. IV de Justinien, ch. 2) ; — le *beneficium excussionis reale*, qui permet au possesseur de choses grevées d'une hypothèque générale de renvoyer le créancier à poursuivre d'abord son paiement sur les biens qui sont spécialement hypothéqués à la même dette.

Procédure. — La procédure de l'action hypothécaire est celle de toutes les actions réelles. Toutefois on peut se demander si elle n'est pas soumise à des conditions spéciales au point de vue du temps dans lequel elle peut être exercée.

D'abord peut-elle être exercée avant l'échéance ? L'affirmative ne nous paraît pas faire de doute pour le gage proprement dit, qui donne au créancier la possession : s'il vient à la perdre, il pourra évidemment agir immédiatement pour la recouvrer, puisqu'il y a droit. La loi 14 *de Pignor.*, que nous avons déjà citée à propos de l'interdit Salvien, nous paraît décisive dans la question. En vain prétendrait-on qu'elle ne s'applique qu'à l'interdit Salvien : les mots « *pignoris persecutio* » dont elle se sert désignent toujours dans les textes l'action hypothécaire. Cette action peut donc être donnée avant l'échéance, tout au moins pour le gage proprement dit. Mais, selon nous, le texte a une portée plus générale et doit s'entendre aussi bien de l'hypothèque que du gage : rien n'indique en effet qu'Ulpien veuille faire une distinction ; remarquons d'ailleurs que l'expression « *quæsitum est* » indique que la question qu'il tranche pouvait donner lieu à quelque doute ; or le doute ne paraît guère possible pour le gage et ne se comprend que pour l'hypothèque. Notre opinion est confirmée par la loi 13, § 5, *de Pignor.*, d'où il résulte que lorsqu'il y a *præsens debitum*, c'est-à-dire une dette non conditionnelle, qu'elle soit ou non à terme, l'action hypothécaire peut être intentée (1).

Cette solution paraît contraire à la nature de l'hypothèque, qui ne donne au créancier le droit de saisir la chose que s'il n'est pas payé (2). Aussi faut-il en restreindre la portée au cas où le créancier aurait de justes motifs de craindre de n'être pas payé ; dans ce cas il répondrait par une *replicatio doli* à l'exception que le défendeur tirerait de la non exigibilité de la dette ; dans le cas contraire, il n'obtiendrait pas la possession.

---

(1) *Sic :* Jourdan, *de l'Hypothèque*, II, ch. 42, p. 572.
(2) La loi 5, § 1er, XX, 6, indique que le pacte qui retarde d'un an l'exigibilité de la dette est applicable à l'hypothèque.

Jusqu'à quelle époque l'action hypothécaire peut-elle être exercée? Elle se prescrit par différents laps de temps selon les cas. A l'égard du tiers détenteur, elle est soumise à la prescription ordinaire de 30 ans, établie par une constitution de Théodose II, sauf les cas exceptionnels où la prescription de 40 ans est exigée, sauf aussi le cas où le possesseur est protégé par la *longi temporis præscriptio*. Mais cette prescription n'éteint pas l'action contre le débiteur lui-même ou son héritier. Justinien établit pour ce cas une prescription de 40 ans : ainsi l'action hypothécaire contre le débiteur ou son héritier dure encore 10 ans après l'extinction de l'action personnelle qui peut être exercée contre eux.

§ 2.

EFFETS DE L'ACTION HYPOTHÉCAIRE

L'action hypothécaire a pour but immédiat de faire reconnaître le droit de gage et d'obtenir la possession de la chose engagée, *jus possidendi*. Mais le juge doit tenir compte du but définitif que poursuit le créancier : le paiement de la créance. Dans son *arbitrium* il donne au défendeur la faculté d'échapper à la condamnation, soit en abandonnant la chose, soit en payant la dette : « .. *Nisi arbitratu tuo Numerus Negidius aut rem Aulo Agerio restituat, aut pecuniam solvat. (Lois 13, § 4, et 16, § 3, de Pignor.)* Le paiement de la dette est une *facultas* accordée au défendeur : l'objet véritable de l'*arbitrium* est l'abandon de la chose. Si le défendeur était momentanément dans l'impossibilité de restituer la chose engagée, il lui suffirait de donner caution de la restituer. (Loi 16, § 3, *de Pignor.*)

S'il n'exécute pas l'*arbitrium* du juge, le défendeur est condamné à payer une somme déterminée par l'intérêt du demandeur. Si le défendeur est le débiteur lui-même, il ne peut être condamné qu'à payer ce qu'il doit, c'est-à-dire le montant de la dette avec les intérêts, parce qu'au delà le créancier n'a pas d'intérêt : cette solution est donnée par la loi 21, § 3, *de Pignor*. La loi 16, § 6, suppose cependant un cas où le débiteur peut être condamné à une somme plus forte ; mais elle ajoute qu'il est plus équitable, même dans ce cas, qu'il libère le gage en payant seulement ce qu'il devait avant la condamnation. Il est probable que la loi 16, § 6, se réfère au cas où le créancier avait droit à des dommages-intérêts en sus du montant de sa créance et des intérêts.

« Si le défendeur est un tiers, il pourra être condamné à une somme plus forte, et ce que le créancier aura obtenu de plus que le montant de sa créance, il sera forcé de le rendre au débiteur, par l'action pignératitienne. » (Loi 21, § 3, *de Pignor*.) La loi 16, § 3, indique que dans le cas où le défendeur aurait cessé de posséder par dol, il sera condamné à payer la somme à laquelle le demandeur, sous la foi du serment, estimera la chose.

Le plus souvent, en fait, l'exercice de l'action hypothécaire aboutira à l'abandon du *pignus*. Le poursuivant sera mis en possession de la chose et de ses accessoires grevés de l'hypothèque. Il se présente quelques difficultés sur le point de savoir à quels accessoires s'étend l'hypothèque qui grève une chose. Il y a deux sortes d'accessoires : ceux qui se réunissent à la chose et ceux qui sont produits par la chose. Pour les premiers, on doit tenir compte de l'intention des parties. Les textes indiquent qu'on se montrait très large sur ce point : ainsi la loi 16, § 2, *de Pignor*., dit

que si la chose hypothéquée a changé de forme, l'hypothèque subsistera néanmoins ; par exemple, si d'une maison hypothéquée on a fait un jardin, ou si l'on a construit
sur le terrain hypothéqué : dans ce cas, la construction
sera grevée de l'hypothèque. L'alluvion qui s'ajoute à un
fonds hypothéqué est grevée de l'hypothèque (loi 16 *pr.
de Pignor.*) ; l'usufruit qui se réunit à la nue-propriété est
soumis à l'hypothèque qui la grève (loi 18, § 1er, *de
Pignor.*) ; et de même dans tous les cas où l'accessoire
s'incorpore absolument à la chose (1). Mais lorsqu'il ne s'y
rattache que par un lien arbitraire ou transitoire, il faut
se référer à ce que les parties ont voulu. Ainsi la loi 32
de Pignor. décide que, même dans le cas où il est convenu que tout ce qui sera apporté sur un fond sera
engagé, les esclaves placés momentanément sur ce fonds
par le propriétaire pour les besoins de l'exploitation ne
sont pas hypothéqués, mais seulement ceux qui y sont
fixés à perpétuité, car c'est là ce que les parties ont voulu ;
— le pécule d'un esclave hypothéqué n'est pas, à moins
de convention spéciale, soumis à l'hypothèque. (Loi 1, § 1er,
de Pignor.)

Parlons maintenant des fruits produits par la chose.
Remarquons d'abord qu'ils peuvent faire séparément
l'objet d'une hypothèque. Mais quel sera le sort des fruits
dans le cas où un fonds a été hypothéqué sans qu'il en ait
été fait mention? Ceux qui ont été produits depuis la *litis
contestatio* appartiennent certainement au poursuivant qui
est censé avoir possédé le fonds dès ce moment. Toutefois
ils ne lui seront adjugés qu'autant que cela sera nécessaire
pour le désintéresser. Quant aux fruits produits avant la

---

(1) Jourdan, *de l'Hypoth.*, II, ch. 33, p. 319.

litis contestatio, ils sont soumis à l'hypothèque s'ils ont été recueillis par le constituant ou son héritier qui en ont acquis la propriété : c'est ce qu'indique la loi 29, § 1er, *de Pignor*. Si le poursuivant agissait contre un tiers acquéreur, il ne pourrait obtenir les fruits : ils sont dans ce cas la propriété de l'acquéreur et n'ont pu être hypothéqués. Enfin, si le créancier agit contre un possesseur non propriétaire, le créancier pourra obtenir tout ce qu'aurait obtenu le propriétaire du chef duquel il agit; il n'aura droit aux fruits que si le possesseur n'était pas de bonne foi; encore faudra-t-il, même dans le cas de mauvaise foi du possesseur, que les fruits soient encore existants et que le fonds ne suffise pas à désintéresser le créancier. (Loi 16, § 4, *de Pignor*.) (1)

Quelle sera pour le créancier l'utilité de la possession qu'il obtiendra par l'exercice de l'action hypothécaire? Cette possession ne lui permet pas d'usucaper; l'usucapion continuerait même à courir au profit du débiteur s'il n'était pas propriétaire. Mais le créancier aura les interdits, et si la possession lui est enlevée, il pourra la recouvrer par l'action quasi-Servienne contre tout détenteur, dans le cas où les conditions exigées par les interdits n'existeraient plus. La simple détention du gage est déjà pour le créancier un moyen de contraindre le débiteur à payer s'il veut recouvrer son bien. Même après le paiement, le créancier peut encore exercer un droit de rétention sur le gage, soit pour les impenses nécessaires qu'il a faites relativement à la chose, soit même pour une nouvelle créance qu'il aurait acquise contre le débiteur sans stipuler aucune garantie : toutefois, dans ce dernier cas, le droit de

---

(1) Jourdan, *loc. cit.*, p. 333.

rétention n'existe que contre le débiteur ou son héritier, mais non contre le créancier postérieur. (Loi un., VIII, 27.)

En outre, le créancier devenu possesseur du gage gagne les fruits par la perception : il a même le devoir de les percevoir et de les imputer sur les intérêts de sa créance et pour l'excédent, s'il y en a, sur le principal. (L. 1 et 3, C., *de Pign. act.*, IV, 24.) Il peut d'ailleurs intervenir un pacte d'antichrèse, en vertu duquel les fruits et les intérêts se compensent : le créancier n'a pas alors à rendre compte des fruits; l'antichrèse est même tacitement constituée par cela seul qu'une chose frugifère est donnée en gage pour un capital qui ne porte pas intérêt. (L. 8, D., *In quibus causis pign.*) Mais le créancier n'a pas le droit de se servir de la chose donnée en gage : en le faisant, il commettrait un *furtum usus.* (L. 54, *de Furtis*, XLVII, 2.)

Enfin, l'utilité principale de l'action hypothécaire, c'est de permettre au créancier, s'il ne peut obtenir son paiement à l'échéance, de vendre le gage pour se payer sur le prix.

DEUXIÈME PARTIE

DE LA *DISTRACTIO PIGNORIS.*

Le droit pour le créancier d'aliéner la chose hypothéquée est certainement une atteinte grave portée au droit
du propriétaire. Le débiteur ne perd pas en effet ses droits
sur la chose en l'hypothéquant. Il peut la vendre, mais
dans ce cas elle passe à l'acheteur *cum suo onere :* le
créancier a le droit de suite, il peut saisir son gage entre
les mains de tout détenteur. D'ailleurs, si la vente faite par
le débiteur transfère la propriété, elle peut engager sa
responsabilité même à l'égard du créancier. Celui-ci, en
effet, a toujours intérêt à agir plutôt contre le débiteur,
avec lequel il a traité, que contre un tiers ; de plus, si la
chose hypothéquée est un meuble, la vente n'est souvent
qu'un moyen de la faire disparaître ; enfin l'action hypothécaire contre le débiteur ne se prescrit que par 40 ans,
tandis que le tiers bénéficie de la prescription de 30 ans,
et peut même être protégé au bout de 10 ou 20 ans, selon
les cas, par la *præscriptio longi temporis.* Aussi est-il dans
l'intention des parties que le débiteur ne vende qu'à la
condition d'employer le prix à l'acquittement de sa dette.
Le créancier peut stipuler expressément que le débiteur
n'aura pas le droit de vendre. La loi 7, § 2, *de Distr.
pignoris,* indique que dans ce cas la vente faite par le débiteur sera nulle. Cette solution a paru contraire aux prin-

cipes, et pour l'écarter, on a soutenu que le texte avait été altéré. Nous n'entrerons par ici dans cette discussion ; disons seulement qu'un tel pacte se conçoit très bien : nous avons indiqué quel intérêt le créancier pouvait avoir à ce que le débiteur ne pût aliéner. (V. Jourdan, *de l'Hypothèque*, 2ᵉ partie, ch. 40, § 3.)

A l'égard de l'acquéreur, la vente de la chose hypothéquée pouvait être très périlleuse, car l'hypothèque, à Rome, n'avait aucune publicité (1). Le débiteur était tenu de déclarer à l'acheteur les charges qui grevaient la chose : faute de le faire, il se rendait coupable de stellionat. Lorsque la vente constituait une fraude à l'égard du créancier, il y avait *furtum possessionis*.

Le plus souvent le débiteur, en vendant la chose hypothéquée, imposait à l'acheteur l'obligation de verser le prix entre les mains du créancier hypothécaire ; mais il n'était complètement libéré que quand cette délégation avait été acceptée par le créancier et réalisée par une *expromissio*.

Nous allons maintenant nous occuper de la vente faite par le créancier. Il faudra nous demander quel est le fondement de ce droit exorbitant, comment la propriété peut être transférée par une personne qui n'est pas propriétaire ; nous examinerons aussi quelles modifications peuvent être apportées à l'exercice du *jus distrahendi* par la convention

---

(1) V. Machelard, *Textes de droit romain*, II, p. 111. Au Bas-Empire, une constitution de Léon (l. 11, C., *Qui potiores*, VIII, 18) exige que l'écrit destiné à prouver l'hypothèque soit un acte public ou qu'il soit signé par trois témoins. Cette disposition paraît n'avoir d'autre but que d'enlever toute force probante au simple acte sous seing privé ; mais elle ne touche pas à la preuve testimoniale. (Jourdan, ch. 46, p. 621.) Sa portée est d'ailleurs très discutée. Quoi qu'il en soit, on ne saurait voir dans la constitution de Léon l'établissement d'un véritable système de publicité.

des parties : tel sera l'objet de notre premier chapitre. Nous verrons ensuite à quelles personnes appartient ce droit, à quelles conditions il peut être exercé, dans quelles formes la vente est effectuée et quelles en sont les conséquences au point de vue des créanciers gagistes ou hypothécaires.

CHAPITRE Ier.

Fondement du Jus distrahendi; modifications qui peuvent y être apportées.

§ 1er.

ORIGINE ET NATURE DU *JUS DISTRAHENDI.*

Nous avons vu que l'aliénation fiduciaire, première forme usitée de garantie réelle, transférait au créancier la propriété ; mais en vendant, il s'exposait aux conséquences de l'action *fiduciæ*, que le débiteur pouvait exercer lorsqu'il s'était acquitté ; néanmoins la vente faite par le créancier était valable. Le pacte *de vendendo* fut employé dans la pratique pour permettre au créancier poursuivi par l'action *fiduciæ* d'opposer une exception au débiteur. Ce pacte fut même bientôt sous-entendu et l'on finit par admettre que la convention contraire, *ne vendere liceat*, n'aurait d'autre effet que d'obliger le créancier à dénoncer la vente au débiteur. (Paul, *Sent.*, II, 13, § 5.)

Lorsque l'aliénation fiduciaire eut fait place au *pignus*, le créancier, n'ayant plus la propriété, ne pouvait la transférer. Cependant il était nécessaire de lui donner ce droit, qui seul assure au gage une véritable efficacité : on recourut encore à un pacte permettant au créancier de vendre, et ce pacte finit par être sous-entendu comme il l'avait été avec l'aliénation fiduciaire. (Gaius, Inst., II, § 64.) Mais le créancier qui vendait sans y être autorisé par un pacte se rendait coupable de vol. (L. 73, *de Furtis.*) Comme en cas d'aliénation fiduciaire, le pacte de *non vendendo* finit par n'avoir plus d'autre effet que d'obliger le créancier à faire au débiteur trois dénonciations successives. (V. *infra.*)

Quant à l'hypothèque, nous avons vu qu'elle avait été créée dans le but d'affecter une chose à la garantie du créancier sans lui en donner la possession. Elle ne pouvait guère, par conséquent, avoir d'autre utilité que de donner au créancier le droit de vendre à défaut de paiement : aussi doit-on penser que dès l'origine l'hypothèque emporta le droit de vendre.

Mais quelle est la nature de ce droit? autrement dit, en quelle qualité le créancier procède-t-il à la vente ? On a dit qu'il agissait *procuratorio nomine,* et pour le prouver, on a fait remarquer qu'il n'était pas tenu de la garantie envers l'acheteur, qui n'avait de recours en cas d'éviction que contre le débiteur ; mais, outre que le recours de l'acheteur contre le débiteur n'est pas un recours en garantie, l'argument qu'on invoque ne porte pas, car le mandataire est précisément garant de l'éviction, ainsi que l'indique la loi 49 *mandati.* Il semble, il est vrai, que l'opinion dont nous parlons puisse s'appuyer sur des textes, notamment Gaius, II, § 64, reproduit par les Institutes (II, 8, § 1er) : « *Sed hoc forsitan videatur fieri, quod voluntate debitoris intelligitur pignus alienari,*» et Paul, loi 29, *Fam. ercisc.,* qui dit que le créancier agit « *ac si debitor per procuratorem agisset.* » Mais ce ne sont là que des comparaisons, qui peuvent être justes à certains points de vue, et Paul lui-même, dans la loi 13, *de Distr. pignorum,* dit positive·

ment que le créancier « *jure suo pignus distrahit.* » Papinien s'exprime de même dans la loi 42, *de Pign. actione,*
où il veut que le créancier soit obligé, par l'action du
gage, à restituer l'excédent du prix et ne puisse se libérer
de cette obligation en déléguant l'acheteur, « *quum in
vendilione, quæ fit, ex facto suum creditor negotium gerat.*»
Comment d'ailleurs assimiler à un *procurator* le créancier
qui peut vendre malgré l'opposition du débiteur, ou refuser de vendre même dans les conditions les plus favorables, qui peut vendre parmi les choses données en gage
celle qu'il lui plaît de choisir (l. 8, *de Distr. pign.*), et
n'est pas tenu de respecter, en vendant, les charges établies sur la chose par le débiteur postérieurement à son
gage ou à son hypothèque, qui, en un mot, n'a qu'une
obligation à l'égard du débiteur : ne pas commettre de
dol? Enfin la vente faite par le créancier produit des effets
tout différents de ceux que produirait la vente faite par un
mandataire : ainsi l'acheteur qui traite avec un créancier
hypothécaire devient toujours propriétaire, sauf la responsabilité qu'il encourt envers le débiteur s'il y a dol de sa
part (loi 1, C., *Si venditio pign.*, VIII, 30), tandis que
l'acheteur qui traite avec un mandataire infidèle ne devient
jamais propriétaire.

Il faut donc décider que le créancier vend, non pas
procuratorio nomine, mais *jure proprio* (1) : il vend en
vertu du droit réel qu'il a sur la chose ; l'hypothèque est
un véritable démembrement de la propriété qui enlève au
propriétaire le droit exclusif de disposer de la chose et le
donne au créancier : celui-ci est investi du pouvoir de transférer la propriété d'une chose qui ne lui appartient pas.

_____

(1) V. en ce sens Jourdan, II, ch. 41, § 6, p. 527 et s.

§ 2.

EFFET DES CONVENTIONS SUR LE *JUS DISTRAHENDI*.

Nous avons vu que l'hypothèque se constituait par simple convention, contrairement à la règle générale : « *Usucapionibus et traditionibus, non nudis pactis, dominia rerum transferuntur*. Il est donc tout naturel que la convention des parties puisse modifier le droit de vendre que l'hypothèque donne au créancier. Les pactes qui ont cet effet peuvent d'ailleurs être joints à une constitution de gage comme à une convention d'hypothèque. Les plus usités sont : 1° la convention qui dispense le créancier de vendre ; 2° celle qui lui défend de vendre ; 3° celle qui lui impose la vente dans certaines conditions.

1° Convention dispensant de vendre. — La vente est la manière la plus usuelle de réaliser le gage et celle qui concilie le mieux les intérêts du débiteur et ceux du créancier. Mais on comprend que le créancier ait intérêt à le réaliser par un procédé plus simple, en se l'appropriant en paiement de ce qui lui est dû : il évite ainsi les longues formalités et les frais qu'entraîne la vente. Cet intérêt est encore plus grand quand la valeur du gage est supérieure au montant de la dette. Ainsi, pourvu que la chose engagée ait une valeur au moins égale à sa créance, le créancier préférera être dispensé de vendre. Le pacte qui le lui permet est appelé *lex commissoria*. Cette convention est uniquement dans l'intérêt du créancier qui peut ne pas s'en prévaloir ; il peut à son choix garder la chose ou poursuivre le paiement du prix ; toutefois il n'a pas le droit de revenir sur sa détermination une fois prise. Le débileur n'en est pas moins à la merci de son créancier, d'autant plus que celui-ci peut se prévaloir du pacte commissoire, même alors qu'une partie de la dette a été payée.

La *lex commissoria* était donc très dangereuse pour les débiteurs qui, s'abusant le plus souvent sur la possibilité de s'acquitter, avaient l'imprudence de donner en gage des choses d'une valeur bien supérieure au montant de la dette. Les conséquences de ce pacte pouvaient retomber sur des créanciers postérieurs en rang qui se trouvaient dépouillés par le premier créancier de la garantie sur laquelle ils avaient pu compter en prêtant sur une valeur bien supérieure à la créance qui les primait.

Ces raisons justifient la prohibition de la *lex commissoria* qui résulte d'une constitution de Constantin, de l'an 320 (loi 3, C., *de Pactis pignorum*); cette constitution eut même un effet rétroactif. La sanction de la prohibition est, la nullité absolue : le débiteur reste propriétaire de la chose et peut la revendiquer; le créancier conserve sa créance et son hypothèque.

On a prétendu à tort que la *lex commissoria* était déjà prohibée avant Constantin. On a fait valoir dans ce sens le silence des textes classiques sur cette convention, tandis qu'il y est souvent question du pacte par lequel le débiteur s'engage à défaut de paiement, à vendre le gage au créancier. Ce silence ne peut prouver que la *lex commissoria* fût prohibée : il semble que les rédacteurs des Pandectes aient omis dans cette compilation tous les passages relatifs à ce pacte, sans doute parce qu'ils leur paraissaient sans intérêt depuis la constitution de Constantin, mais il n'en faut pas conclure que les auteurs classiques aient été muets sur ce sujet.

Il est au contraire probable que les jurisconsultes romains

se sont occupés de la *lex commissoria*, même en admettant qu'elle ait été prohibée, pour la distinguer d'autres pactes qui ont toujours été permis. Le pacte par lequel le débiteur s'engageait, au cas où il ne pourrait payer, à vendre la chose au créancier, moyennant un prix à fixer lors de la vente, était beaucoup moins dangereux que la *lex commissoria*. Il ne mettait pas le débiteur à la merci du créancier; c'était même lui qui avait le choix de payer sa dette ou de maintenir la vente; le créancier n'acquérait la chose que pour le prix fixé par un arbitrage. Il y avait dans ce cas une véritable compensation entre le prix de vente dû par le créancier et la somme que lui devait le débiteur; si la valeur estimative de la chose dépassait le montant de ce qui était dû au créancier lors de la vente, le débiteur pouvait réclamer l'excédent par l'action *venditi*. Aussi cette convention était-elle traitée favorablement par les jurisconsultes. (L. 16, § 9, *de Pignor.*)

Conventions prohibant la vente. — Il pouvait être convenu que le créancier ne vendrait pas avant un certain moment et même qu'il ne vendrait pas du tout. Ces pactes étaient dans l'intérêt du débiteur, qui avait ainsi du temps pour payer et recouvrer la chose engagée : aussi ne pouvaient-ils être introduits après coup que du consentement du créancier. (L. 1, C., VIII, 29.) La première de ces conventions n'avait d'autre effet que de retarder jusqu'à une époque postérieure à l'échéance de la dette le droit de vendre le gage. Quant à la seconde, il est certain qu'au temps de Justinien son seul effet était d'obliger le créancier à ne vendre qu'après trois dénonciations au débiteur. (L. 3 *pr.* et §§ 1, 2 et 3, *de Jure dom. imp.*, VIII, 34.) Mais quel était auparavant l'effet du pacte *de non vendendo*?

Lorsqu'il y avait aliénation fiduciaire, il est certain, nous l'avons dit, que la vente faite par le créancier, propriétaire du gage, ne pouvait être annulée par l'effet d'un pacte qui lui interdisait de vendre ; mais si plus tard le débiteur payait, même longtemps après l'échéance, le créancier encourait une condamnation dans l'action *fiduciæ*. Toutefois on admit plus tard que le pacte *de non vendendo* n'obligerait le créancier qu'à faire trois dénonciations et ne donnerait pas au débiteur, en cas de vente, l'action *fiduciæ*. (Paul, *S.*, II, 13, § 5.) Avec le contrat de *pignus*, le créancier n'est plus propriétaire et n'a pas de plein droit, à l'origine, le *jus distrahendi ;* mais bientôt on sous-entend dans le *pignus* la convention autorisant la vente, s'il n'y a pas de pacte qui la prohibe. Ç'est ce qu'indique Ulpien dans la loi 4, *de Pigner. act.*, et il ajoute : « *Ubi vero convenit ne distraheretur, creditor, si distraxerit, furti obligatur, nisi ei ter fuerit denuntiatum ut solvat et cessaverit.* » Ainsi l'effet du pacte *de non vendendo* paraît être, non pas d'annuler la vente, mais d'exposer le créancier à l'action *furti* s'il n'a fait les trois dénonciations prescrites : le droit de vendre est donc considéré comme un élément essentiel du gage, et il faut ajouter *a fortiori* de l'hypothèque. Quant aux trois dénonciations, Paul (*S.*, II, 5, § 1er) semble les exiger même en l'absence de tout pacte : il ne faut pas s'étonner d'une divergence entre les deux jurisconsultes sur une institution en voie de formation; l'insertion au Digeste du texte d'Ulpien indique que son opinion a prévalu.

Convention imposant la vente dans certaines conditions. — Nous a   s cité, parmi les pactes usités dans les constitutions de gage ou d'hypothèque, celui qui impose au créancier de vendre dans certaines conditions. Cette convention empêche le débiteur d'être à la discrétion du créancier, lui permet de profiter des occasions avantageuses, d'exiger par exemple que la vente n'ait lieu que pour un prix atteignant un certain minimum. Ce pacte ne donne lieu à aucune difficulté.

CHAPITRE II.

A qui appartient le Jus distrahendi?

Le *jus distrahendi* appartient au créancier. Il n'y a aucune difficulté quand la chose est affectée à un seul créancier, ce qui arrivera toujours en cas de *pignus* proprement dit. Mais que décider si une chose est hypothéquée à plusieurs créanciers? Le droit de vendre n'appartient qu'au créancier premier en ordre, qui sera le plus ancien, sauf le cas où la loi donne ce rang à certaines créances dites privilégiées. Il n'est pas nécessaire pour cela qu'il soit en possession de la chose; c'est du moins ce qui paraît résulter de la loi 13, *de Distr. pign.* Nous verrons comment, dans ce cas, il acquitte son obligation à l'égard de l'acheteur.

La vente du gage est un acte d'administration qui pourra être fait par un mandataire : le tuteur y procédera pour le compte du pupille.

Quel sera le droit des créanciers postérieurs? Il est certain qu'ils ne peuvent porter atteinte aux droits antérieurement concédés par le débiteur. Si donc le créancier ayant une seconde hypothèque vend la chose, la vente ne sera pas opposable au créancier primitif : l'acheteur ne pouvant avoir plus de droits que son vendeur, tous ceux qui primaient celui-ci seront préférés à celui-là. Mais cette vente serait-elle nulle à l'égard de tous ? le débiteur ou le troisième créancier pourraient-ils en invoquer la nullité ?

Nous ne le croyons pas. Le second créancier, *Secundus*, a aussi bien que le premier, *Primus*, un droit hypothécaire, seulement il ne peut l'exercer que sauf le droit de Primus ; mais tant que son action ne sera pas préjudiciable à Primus, elle produira tous ses effets juridiques. D'abord Secundus pourra exercer l'action hypothécaire ; s'il agit contre Primus qui possède, celui-ci, dit la loi 12 *pr.*, *Qui potiores..*, le repoussera par l'exception « *Si non mihi ante pignoris hypothecæve nomine sit res obligata;* » mais Secundus triomphera contre tout autre et obtiendra la possession, sauf à se la voir enlever par Primus : « *Sed si cum alio possessore creditor Secundus agat, recte agit et adjudicari ei poterit hypotheca, ut tamen prior cum eo agendo auferat ei rem.* » Mais Secundus pourra-t-il vendre la chose hypothéquée ? La loi 1, *de Distr. pign.*, prévoit une hypothèse où un créancier postérieur vend de bonne foi des objets faisant partie du gage du premier créancier : Papinien pense que le premier créancier n'aura aucune action contre le vendeur, mais devra poursuivre les possesseurs. C'est donc que le second créancier a vendu valablement. Quant aux possesseurs, ils seront dans la situation où aurait été leur auteur, le vendeur, qui leur a transmis son droit. (L. 13, *de Distr. pign.*) Comme lui, ils doivent respecter le droit du créancier premier en rang; mais, celui-ci disparu, ils seront les maîtres de la situation. Le but du créancier postérieur, Secundus, et de ses ayants cause est donc de désintéresser le premier créancier; les textes leur reconnaissent le droit de l'obliger à accepter ce qui lui est dû et de le mettre ainsi hors de cause; ce droit est appelé *jus offerendæ pecuniæ.* C'est donc à tort qu'on a dénié au créancier postérieur le droit de vendre : le *jus offerendæ pecuniæ* ne se comprend qu'en admettant que tous les créanciers auxquels une hypothèque a été concédée ont également le droit de vendre; s'ils ne l'avaient pas, ils ne pourraient l'acquérir en désintéressant celui qui les prime. Comment admettre d'ailleurs que la vente faite par Secundus puisse être contestée par tout autre que Primus? Peut-elle être contestée par le débiteur, qui a lui-même concédé à Secundus le droit de vendre? ou par un troisième créancier qui n'est que l'ayant cause du débiteur?

Mais, dira-t-on, l'hypothèque concédée à Secundus ne l'a été que sous la condition « *si priori creditori pecunia soluta vel alio modo satisfactum fuerit.* » Elle n'aura donc son effet que si, au moment où cette condition est remplie, la chose est encore entre les mains du débiteur. On invoque dans ce sens la loi 9, § 3, *Qui potiores...,* où Africain suppose qu'une femme Titia, ayant engagé un fonds dont elle n'était pas propriétaire successivement à Titius et à Mævius, en acquiert la propriété, puis le donne en dot à son mari avec estimation, c'est-à-dire l'aliène de nouveau. Titius étant payé, le gage de Mævius n'en deviendra pas plus valable : «...*tunc enim priore dimisso sequentis confirmatur pignus, quum res in bonis debitoris inveniatur.*» C'est donc, conclut-on, que Mævius n'avait qu'une hypothèque conditionnelle; le fonds n'appartenant plus au débiteur au moment où la condition est accomplie, le droit de Mævius n'a pu prendre naissance. Mais en raisonnant ainsi on ne tient pas compte de l'hypothèse spéciale prévue par Africain. Dans l'espèce qu'il examine, il est certain que l'hypothèque n'a pu naître en faveur de Mævius, pas plus qu'en faveur de Titius, au moment où elle a été constituée, car Titia n'était pas propriétaire. Ni l'un ni l'autre des deux créanciers n'a donc une véritable hypothèque : le préteur donne bien à Titius une action utile, mais Mævius ne peut la demander, car il n'a pas d'intérêt tant que Titius n'est pas désintéressé. Lorsque Titius est payé, le droit de Mævius ne peut plus prendre naissance, puisque la chose n'appartient plus à la constituante. Mais nous nous plaçons dans l'hypothèse ordinaire, celle où le constituant est propriétaire de la chose hypothéquée, et nous disons que le droit de vendre appartient à tous les créanciers, quel que soit leur rang, dès le moment où l'hypothèque est constituée; on ne peut nous opposer un texte qui s'applique à une espèce où l'hypothèque n'a pas été valablement constituée.

Les textes sont d'ailleurs conformes à notre opinion, notamment la loi 15, § 2, *de Pignor.*, d'après laquelle, alors même que le débiteur a déclaré que le second créancier n'aurait droit qu'à l'*hyperocha*, c'est-à-dire à ce qui resterait du prix de la chose après le paiement du premier, on doit décider qu'il avait hypothéqué la chose entière au second créancier, sous réserve des droits du premier. Plusieurs textes (loi 5 *pr., de Distr. pign* ; loi 8, C., VIII, 18, etc.) prouvent que les droits des créanciers postérieurs ne sont limités que par ceux des créanciers antérieurs et qu'ils n'ont qu'à se substituer à ceux-ci en exerçant le *jus offerendæ pecuniæ* pour jouir des mêmes avantages (1).

Le *jus offerendæ pecuniæ* est le droit de se substituer,

_____

(1) *Sic : Jourdan, loc. cit.*, ch. 18.

dans la jouissance d'une garantie réelle, à une personne
que l'on désintéresse. Il appartient à tous les créanciers
hypothécaires. Il sera exercé ordinairement par un créancier postérieur voulant prendre la place de celui qui lui est
préférable. Il peut cependant arriver qu'un créancier
antérieur l'exerce contre un créancier postérieur, soit
parce que celui-ci bénéficie d'une *lex commissoria* qui lui
permet de s'attribuer la chose hypothéquée, soit pour
empêcher le créancier postérieur, possesseur de la chose,
de la détériorer ou de la détruire.

Le *jus offerendi* peut être exercé contre tout créancier
hypothécaire : on devra lui rembourser le montant de la
créance pour laquelle il a une hypothèque préférable à
celle du poursuivant. Ce droit peut être exercé encore
contre un fidéjusseur qui, poursuivi par le premier créancier, l'a désintéressé et a obtenu que la chose hypothéquée lui fût attribuée à titre de vente. Les créanciers postérieurs pourront exercer contre lui le *jus offerendi*, car ce
fidéjusseur ne poursuit que le recouvrement de ses
avances : donc, en lui remboursant le prix qu'il a versé
avec les intérêts, le poursuivant fera renaître à son profit
la première hypothèque. Enfin le *jus offerendi* peut être
exercé contre l'acquéreur auquel le débiteur a vendu la
chose et qui a employé une partie de son prix à désintéresser le premier créancier. Cette vente n'a pu nuire
aux créanciers : ils conservent donc leurs droits respectifs
sur la chose, dans le même ordre qu'avant la vente ; par
conséquent, lorsqu'ils auront remboursé à l'acheteur ce
qu'il a versé au premier créancier avec les intérêts, ils
seront dans la même situation que s'ils avaient eux-mêmes
désintéressé le premier créancier.

Nous ne nous étendrons pas ici sur l'exercice et les effets

du *jus offerendæ pecuniæ*, dont l'étude ne se rattache qu'accessoirement à notre sujet. Le créancier qui l'exerce est, nous l'avons dit, substitué à celui qu'il désintéresse. Pour nous en tenir au point de vue qui nous occupe, disons seulement que le *jus offerendi* permettra aux créan-ciers postérieurs de vendre la chose hypothéquée lorsqu'ils trouveront une occasion favorable ; ils ne seront pas ainsi à la discrétion du premier créancier.

En dehors de l'exercice du *jus offerendi*, il y a d'autres cas où un tiers sera substitué à un créancier hypothécaire. C'est ce qui a lieu : 1° pour le tiers qui achète du débi-teur la chose hypothéquée, en stipulant que le prix sera employé à désintéresser le créancier hypothécaire, et 2° pour le tiers qui prête au débiteur les fonds destinés à payer un créancier hypothécaire et qui convient expressé-ment qu'il sera, le paiement effectué, subrogé aux droits de ce créancier. Dans ces deux cas de subrogation, ce ne sont pas seulement les créanciers hypothécaires, mais les tiers eux-mêmes qui peuvent bénéficier d'une succession dans la place du créancier désintéressé. Ainsi le *jus distra-hendi* pourra être exercé même par un tiers qui se serait fait subroger aux droits du créancier premier en ordre.

CHAPITRE III.

Conditions d'exercice du Jus distrahendi.

Les conditions d'exercice du *jus distrahendi* sont relatives soit à la créance dont le paiement est poursuivi, soit à l'hypothèque en vertu de laquelle le créancier agit.

§ 1er.

CONDITIONS RELATIVES A LA CRÉANCE.

Il n'y a pas d'hypothèque sans créance : la première condition pour pouvoir exercer le *jus distrahendi*, attribut essentiel de l'hypothèque, est donc d'avoir une créance. Il n'est pas moins certain que cette créance doit être exigible, que le créancier doit être en droit d'en demander le paiement immédiat. Le *jus distrahendi* ne pourra donc être exercé qu'après l'échéance du terme et à plus forte raison après la réalisation de la condition. Mais *quid* si la dette est divisée en plusieurs annuités? Le créancier pourra-t-il procéder à la *distractio pignoris* dès qu'une annuité sera échue, ou devra-t-il attendre jusqu'à la dernière échéance? Pomponius pense que si les parties ont dit dans la convention « *Ut si qua pecunia sua die soluta non sit rem vendere liceret,* » le créancier pourra agir dès qu'un terme n'aura pas été payé ; mais si elles ont dit « *Nisi sua quaque die pecunia soluta esset,* » il faudra attendre la dernière échéance, car alors seulement on pourra dire que le débiteur n'a pas payé chaque terme à son échéance. (L. 8, § 3, *de Pigner. act.*) Mais que décider si les parties n'ont rien spécifié? On devra, croyons-nous, appliquer les principes généraux de la matière : l'hypothèque garantit chacune des parties de la dette comme la dette tout entière : il suffira donc qu'un terme ne soit pas payé à l'échéance pour que la *distractio* puisse avoir lieu.

Lorsque le créancier fait avec le débiteur un pacte « *ne intra annum pecuniam petat*, il s'engage pour le même temps à ne pas exercer le *jus distrahendi*. (Loi 5, § 1er, *Quibus modis pignus.*)

Il n'est pas nécessaire que la créance soit liquide. Il ne peut en effet dépendre du débiteur de suspendre l'exercice du droit hypothécaire en soulevant une contestation. La vente n'aura lieu d'ailleurs que sous réserve des droits du débiteur, qui les fera valoir soit comme défendeur à l'action hypothécaire intentée par le créancier, quand celui-ci ne possédera pas encore la chose, soit, dans le cas contraire, comme demandeur, en réclamant sa chose par l'action *pigneratitia directa* au créancier, ou par l'action en revendication au tiers acquéreur.

Il faut que la dette échue n'ait pas été acquittée. Il suffit d'ailleurs qu'une partie reste due pour que le créancier puisse vendre. (L. 6, C., *de Distr. pign.*, VIII, 28.) Toutefois, si le créancier était en demeure, si le défaut de paiement résultait de son fait, il n'aurait pas le *jus distrahendi* : nous avons vu en effet qu'il ne pourrait même pas dans ce cas intenter l'action quasi-Servienne, comme l'indique la formule de cette action. Mais le créancier n'est considéré comme étant en demeure que si les offres faites par le débiteur ont été suivies de consignation. (L. 2, C., VIII, 29.)

Faut-il que le débiteur ait été lui-même mis en demeure par une sommation expresse? Aucun texte ne l'exige; nous voyons au contraire que dans certains cas où la *mora* ne peut avoir lieu, le *jus distrahendi* n'en peut pas moins être exercé. D'ailleurs la vente devant être précédée d'une *denunciatio* au débiteur, il n'y a aucune surprise à craindre.

§ 2.

CONDITIONS RELATIVES A L'HYPOTHÈQUE.

Il faut que le créancier ait une hypothèque valablement constituée. Toute personne qui sera titulaire de la créance et jouira de l'hypothèque pourra exercer le *jus distrahendi*. L'héritier du créancier primitif le pourra incontestablement (loi 8, § 4, *de Pigner. act.*); s'il y a plusieurs héritiers et que la créance ait été partagée entre eux, chacun d'eux pourra vendre le fonds tout entier, en offrant toutefois au débiteur le remboursement de ce qu'il aurait payé à d'autres cohéritiers. (Loi 11, § 4, *de Pigner. act.*) Le *jus distrahendi* appartient encore au cessionnaire qui a acquis une créance par la *procuratio in rem suam*, car dans ce cas la créance n'est pas transformée et l'hypothèque la suit ; le nouveau titulaire jouit des mêmes droits que l'ancien, à moins qu'il ne s'agisse de privilèges attachés à la qualité du créancier. (Loi 42, XXVI, 7, *de Admin. et peric.*) Mais toutes les fois que la transmission de la créance emportera novation, l'hypothèque ne subsistera que si l'on a soin de la maintenir par un pacte lors du transfert.

La *distractio* pourra-t-elle avoir lieu si, depuis la constitution de l'hypothèque, le bien qui en est frappé est devenu inaliénable, par exemple en tombant entre les mains d'un pupille? L'*oratio Severi*, qui frappe d'inaliénabilité les immeubles du pupille, fait une réserve pour le cas où ils sont grevés d'une hypothèque antérieure à la tutelle. Le créancier pourra procéder à la vente : l'hypothèque n'est pas, en effet, dans ce cas, le fait du tuteur; le pupille n'a acquis l'immeuble qu'avec la charge qui le grevait. La même solution est donnée par la loi 1 *pr.*, *de Fundo dotali*, pour le cas où le bien grevé d'hypothèque devient dotal.

Il peut se faire qu'un créancier ait plusieurs hypothèques affectées à la garantie de la même créance. Lorsqu'il a plusieurs hypothèques spéciales, il a toujours le choix de la chose qu'il veut vendre, alors même que l'une des choses qui lui sont hypothéquées serait grevée d'une autre hypothèque postérieure. (Loi 8, *de Distr. pign.*) Si le créancier a une hypothèque générale et une hypothèque spéciale sur un bien déterminé, il faut voir si l'une de ces hypothèques a été constituée d'une façon principale, l'autre n'étant que subsidiaire. Dans ce cas, il est certain que le créancier devrait d'abord faire valoir l'hypothèque principale, qu'elle soit générale ou spéciale, et ne recourir à son hypothèque subsidiaire que s'il n'était pas complètement désintéressé par la première vente. Mais *quid* dans le cas où les parties n'ont pas déterminé l'ordre dans lequel les deux hypothèques doivent être exercées? Nous avons vu que dans cette hypothèse le tiers détenteur de choses grevées de l'hypothèque générale pouvait opposer à l'action hypothécaire du créancier le *beneficium excussionis reale* pour l'obliger à faire valoir d'abord son hypothèque spéciale. Il faut supposer maintenant que le *beneficium excussionis reale* n'a pas été opposé et qu'il y a un créancier ayant une hypothèque spéciale postérieure sur les biens grevés de l'hypothèque générale, ayant par conséquent intérêt à ce que le poursuivant commence par vendre les choses sur lesquelles il a une hypothèque spéciale. Une constitution de Dioclétien (loi 9, C., *de Distr. pign.*, VIII, 28) décide que dans ce cas le créancier qui a reçu d'abord une hypothèque spéciale, puis une hypothèque générale, doit faire valoir la première d'abord et n'user que subsidiairement de son hypothèque générale. Mais si l'ordre inverse a été suivi, le créancier conserve le choix : en obtenant une hypothèque spéciale après une hypothèque générale, il n'a pu en effet diminuer les droits que lui conférait celle-ci.

CHAPITRE IV.

Formes de la Distractio pignoris.

La *distractio pignoris* est entourée de formalités destinées à protéger le débiteur, à lui permettre d'éviter la
vente en s'acquittant, à empêcher le créancier qui a un
gage d'une valeur bien supérieure à sa créance de le
vendre à vil prix. Les unes sont antérieures à la vente, les
autres sont concomitantes.

§ 1er.

FORMALITÉS PRÉLIMINAIRES.

Lorsque la convention détermine les formes à suivre
pour la vente, le créancier devra s'y conformer; les parties ont toute liberté en cette matière; le créancier peut
même être autorisé à vendre immédiatement après
l'échéance. (Loi 3, § 1er, VIII, 34.) Dans le cas où la convention ne détermine aucune forme à observer, il est probable qu'à l'origine le créancier était maître de vendre
comme il l'entendait. Il était seulement tenu d'agir avec
bonne foi, ce qui implique qu'il ne devait pas vendre à
l'insu du débiteur : aussi les textes de l'époque classique
lui imposent-ils certaines formalités. Paul nous dit qu'il
était tenu de signifier trois fois au débiteur son intention
de vendre le gage s'il n'était payé. (Paul, *Sent.*, II, 5,
§ 1er.) Nous avons vu toutefois qu'Ulpien (loi 4, *de Pigner.
act.*) paraît n'exiger les trois dénonciations que dans le
cas où il y a une clause *de non vendendo*. Il est certain que

plus tard on n'exigea plus qu'une seule dénonciation. (Loi 4, C., VIII, 28, et loi 3, § 1er, C., VIII, 34.) En outre, la vente était annoncée au public par des affiches ou *proscriptiones*. Elle ne pouvait avoir lieu qu'un an après ces formalités de publicité. Il est vrai que cette procédure parait, d'après la loi 3 précitée, être tombée en désuétude.

Nous savons que l'effet de la clause *de non vendendo* à l'époque classique était d'obliger le créancier à faire trois dénonciations, en admettant que ces trois dénonciations ne fussent pas exigées dans tous les cas : faute de les faire, le créancier tombait sous le coup de l'action *furti*.

Justinien impose de nouveau, dans le cas où les parties n'ont déterminé aucune formalité, l'*interpellatio* au débiteur, qui peut toutefois être remplacée par une sentence judiciaire; il maintient les trois dénonciations dans le cas où il y a clause *de non vendendo;* dans tous les cas, un intervalle de deux ans doit séparer la vente de la dénonciation. Mais dans le cas où trois dénonciations sont exigées, on ne sait laquelle des trois était le point de départ de ce délai; on ne sait non plus à quel intervalle elles devaient avoir lieu.

Les textes ne parlent d'aucune dénonciation destinée à informer expressément de la vente les créanciers postérieurs.

§ 2.

FORMALITÉS CONCOMITANTES DE LA VENTE.

Quant aux formes de la vente elle-même, à défaut de convention, le créancier n'est astreint qu'à vendre de bonne foi. Il est tenu envers l'acheteur, par la nature même du contrat de vente, de s'abstenir de dol ; il devra aussi agir avec bonne foi à l'égard du débiteur, c'est-à-dire vendre dans les conditions les plus favorables aux intérêts du débiteur qui sont aussi les siens. Cette obligation est sanctionnée par l'action *pigneratitia directa*, par laquelle le débiteur peut demander compte au créancier de la chose vendue et se faire restituer l'excédent du prix sur le montant de sa dette. L'obligation de se conformer à la convention pour les formalités de la vente est sanctionnée par l'action *furti*. (Lois 4 et 5, *de Pigner. act.*) Lorsque le créancier a vendu la chose à vil prix, le débiteur peut avoir contre l'acheteur un recours par l'action de dol, à la condition qu'il y ait dol de la part du créancier, que l'acheteur soit complice de la fraude et que le débiteur, ayant exercé l'action *pigneratitia* contre le créancier, l'ait trouvé insolvable. (L. 1, C., VIII, 30.)

Les textes font mention d'un pacte que le créancier pouvait ajouter à la vente et d'après lequel le débiteur pouvait recouvrer la chose vendue en offrant dans un certain délai le remboursement du prix. C'est une stipulation pour autrui qui est valable parce que le créancier y est lui-même intéressé, étant obligé de vendre dans les conditions les plus avantageuses pour le débiteur auquel il doit rendre compte. Le débiteur devait primitivement, pour obtenir l'exécution de ce pacte, se faire céder les actions du créancier; plus tard, le préteur lui donna une action *in factum*. (Loi 13 pr., XIII, 7, *de Pigner. act.* : ce texte d'Ulpien donne même au débiteur la revendication; cette solution est conforme à la théorie d'Ulpien sur la condition résolutoire. — Loi 7, § 1er, *de Distr. pign.*)

Les parties peuvent convenir que la vente aura lieu par l'intermédiaire du magistrat. Mais ordinairement le créancier vendra lui-même à l'amiable et dans les conditions qui lui plairont, pourvu qu'il ne commette pas de fraude. La *distractio pignoris* a, le nom l'indique, un caractère de spécialité qui la distingue des moyens d'exécution sur l'ensemble des biens du débiteur, la *bonorum venditio* et la *bonorum sectio.*

Le procédé de la vente aux enchères ou *subhastatio,* était suivi dans le cas où la vente était poursuivie par le fisc. Il fallait même dans ce cas que la mise à prix fût fixée par une estimation. Enfin une surenchère pouvait se produire dans un certain délai et anéantir la première adjudication. (L. 4, C., X, 3 ; — loi 1, C., XI, 31.)

On procédait encore par voie d'enchères publiques pour la vente du *pignus ex causa judicati captum.* La vente était faite par un officier public appelé *executor :* elle pouvait avoir lieu deux mois après la saisie. L'*executor* pouvait vendre des biens antérieurement grevés d'hypothèque, mais il ne les adjugeait qu'à un prix suffisant pour désintéresser le créancier premier en rang : c'est une exception au principe que le premier créancier a seul le *jus distrahendi.* Si l'*executor* commettait une fraude, le débiteur avait une action personnelle contre lui, mais l'adjudication n'était pas nulle. Enfin, si l'acquéreur ne payait pas son prix, il y avait lieu à une nouvelle adjudication.

CHAPITRE V.

Conséquences de la Distractio pignoris.

Dans les conditions où avait lieu à Rome la *distractio pignoris*, c'est-à-dire la mise en vente du gage, elle n'aboutissait pas toujours à une vente. Il pouvait arriver en effet que le créancier ne trouvât pas d'acquéreur. Dans notre droit moderne, à défaut d'enchère, le poursuivant est considéré comme acquéreur pour le montant de la mise à prix ; il peut d'ailleurs enchérir et contribuer ainsi à faire vendre la chose à son véritable prix ; les autres créanciers ont d'ailleurs le même droit. Mais à Rome le poursuivant est vendeur, il ne peut être en même temps acheteur : ces deux qualités sont incompatibles. Autrement il serait bien inutile d'interdire la *lex commissoria* : le poursuivant pouvant se vendre à lui-même au prix qui lui plairait, autant vaudrait l'autoriser à se payer en gardant la chose. Aussi décidait-on que la vente que le créancier se ferait à lui-même ou ferait à une personne interposée serait nulle. (Loi 10, C., VIII, 28.) Le débiteur restait propriétaire et pouvait recouvrer sa chose en payant la dette ; il était libre d'ailleurs de confirmer la vente ; il arrivait ainsi au même résultat qu'en vendant directement au créancier, ce qui était parfaitement régulier. (L. 12 *pr.*, *de Distr. pign.*)

Un créancier autre que le poursuivant ne pouvait davantage être acquéreur. L'achat fait par lui était considéré comme l'exercice du *jus offerendæ pecuniæ*; le débiteur conservait le droit de reprendre la chose en le désintéressant. Il en était de même, nous l'avons vu, du fidéjusseur, qui était censé, en se portant acquéreur, vouloir libérer le débiteur principal.

Enfin, bien que la chose fût vendue par le créancier, le débiteur ne pouvait en devenir acquéreur, car c'était toujours sa propriété. Le créancier ne pouvait être tenu de rendre la chose au débiteur qu'après avoir été complètement désintéressé, et il en était tenu, non par l'action *ex empto*, mais par l'action *pigneralitia*. (Loi 40, *de Pign. act.*)

Nous aurons à nous occuper du droit qui appartient au créancier quand aucun acquéreur ne se présente, c'est-à-dire de la *dominii impetratio*; puis nous supposerons que la vente est accomplie et nous en étudierons les suites au point de vue de l'extinction de la dette; nous ne nous occuperons pas de ses effets à l'égard de l'acquéreur.

SECTION 1re.

DE LA *DOMINII IMPETRATIO*.

Le créancier et le débiteur ont également intérêt à ce que la chose ne soit pas vendue à vil prix. Si personne ne fait d'offres sérieuses, il vaut encore mieux que le créancier la garde en paiement, jusqu'à due concurrence. Nous avons vu que la *lex commissoria*, autorisant le créancier à s'attribuer arbitrairement la chose pour le montant de sa créance, était prohibée comme dangereuse pour le débiteur; mais celui-ci pouvait toujours vendre la chose au créancier; il pouvait même s'y engager d'avance par un pacte. (V. *supra*.) Mais, à défaut de ce pacte et lorsque le débiteur était complètement insolvable et certain qu'il ne lui reviendrait rien sur le prix de vente du gage, il était à craindre qu'il ne refusât de vendre. Il ne fallait pas que le créancier pût être victime de ce mauvais vouloir. Il s'adressait en ce cas à l'empereur et lui demandait « *ut bona debitoris jure dominii possidere liceat.*» Il obtenait ainsi la propriété de la chose, et la dette était éteinte jusqu'à concurrence du montant de l'estimation qui était faite. Cette institution, appelée *dominii impetratio*, paraît être de l'époque classique (1).

La demande était adressée à l'empereur après que les formalités de la vente, la *proscriptio* et la *denunciatio* au débiteur, avaient eu lieu, s'il ne s'était présenté aucun acheteur pour un prix sérieux. Il était répondu : « *Jure dominii possideat.* » La propriété qui était ainsi conférée n'était sans doute que le domaine bonitaire. Pendant un an, *annus luitionis*, le débiteur pouvait encore recouvrer sa chose en désintéressant le créancier. (L. 63, § 4, *de Adquir. rerum dom.*, XLI, 1.)

Justinien, dans une constitution de l'an 530 (loi 3, C., VIII, 34), augmenta les garanties pour le débiteur. Le créancier doit l'avertir qu'il n'a pas trouvé à vendre et lui faire une nouvelle sommation de payer. En cas d'absence du débiteur, le créancier s'adresse au juge qui le fait rechercher et lui fixe un délai pour se libérer. Ce délai expiré, le créancier peut obtenir le *dominium* : il n'y a plus alors de distinction entre le domaine bonitaire et la propriété quiritaire. Justinien prolonge d'un an le délai pendant lequel le débiteur peut reprendre sa chose en remboursant le créancier. Pendant ce *biennium luitionis* la chose est aux risques du débiteur : si elle augmente de valeur, il peut en bénéficier en exerçant le retrait. Le

---

(1) Jourdan, *loc. cit.*, ch. 41, § 6, p. 561.

créancier reste libre pendant le même temps de renoncer à la *dominii impetratio* et de vendre le gage (l. 3, § 5, C., VIII, 34) : le délai écoulé, la chose devient sa propriété et la dette est éteinte jusqu'à concurrence du prix fixé par l'estimation ; le créancier conserve son action pour le surplus. Si la valeur de la chose est supérieure au montant de la dette, le créancier n'en devient propriétaire que pour une part proportionnelle à ce qui lui est dû ; le débiteur reste propriétaire pour le reste ; le créancier peut toutefois faire cesser l'indivision en achetant la part du débiteur, sans préjudice des droits des créanciers postérieurs.

A quel titre le créancier acquiert-il la propriété de la chose ? Y a-t-il une *datio in solutum*, ou y a-t-il une vente dont le prix se compense avec la dette ? L'intérêt de la question apparaît dans le cas où le débiteur n'était pas propriétaire et où le créancier est évincé par le *verus dominus*. S'il y a eu *datio in solutum*, la solution varie selon les auteurs. D'après Marcien (l. 46 *pr., de Solutionibus)*, il résulte de l'éviction réalisée que le créancier n'a en réalité rien reçu ; la dette n'a pas été payée, le créancier conserve son action avec ses garanties réelles ou personnelles : pour cette action il obtiendra le montant de sa créance. D'après Ulpien, au contraire, la *datio in solutum* devrait être assimilée à une vente : le créancier évincé aurait contre le débiteur une action *utilis ex empto.* (Loi 24 *pr., de Pign. act.*) (1) Si au contraire il y a eu vente, la dette a été éteinte par la compensation, le créan-

---

cier a perdu son gage ou son hypothèque, mais il a droit à la garantie : il aura, tout le monde est ici d'accord, l'action *utilis ex empto,* par laquelle il se fera indemniser de tout le préjudice que lui aura causé l'éviction, par exemple des impenses qui ne lui auront pas été remboursées par le revendiquant, de la valeur des fruits qu'il aura restitués, etc. C'est cette dernière solution qui était admise par les jurisconsultes, notamment par Ulpien dans la loi 24 *pr., de Pign. act.*

Le fidéjusseur a droit comme le créancier à la *dominii impetratio* quand il a payé la dette.

Dans les cas où la vente a lieu aux enchères, le créancier est admis à enchérir, et s'il reste adjudicataire, il est traité comme tout autre acquéreur. S'il ne se présente aucun acheteur et que le créancier demande qu'on lui attribue la propriété du gage, il l'obtient à titre de *datio in solutum,* et la dette est complètement éteinte, que la valeur de la chose soit supérieure ou inférieure au montant de la créance ; le retrait ne peut avoir lieu dans ce cas. (L. 15, § 9, *de Re judicata,* XLII, 1 ; — lois 2 et 3, C., VIII, 23.)

SECTION II.

DES SUITES DE LA VENTE ACCOMPLIE.

Lorsque la chose est vendue à un tiers, la vente donne lieu à des obligations réciproques entre le créancier, l'acheteur et le débiteur. Nous ne nous occuperons ici que du paiement du prix et de ses conséquences ; c'est là en effet le but définitif de la réalisation du gage hypothécaire. Le prix de la vente est destiné à désintéresser les créan-

ciers hypothécaires et par là à éteindre les dettes et leurs
accessoires. Nous étudierons dans un premier paragraphe
l'emploi du prix, dans un second l'extinction des dettes et
des droits de gage et d'hypothèque. .

§ 1er.

De l'emploi du prix.

Le prix est payé au vendeur, c'est-à-dire au créancier
poursuivant : c'est lui seul en effet qui a traité avec l'acheteur. Il peut accepter de l'acheteur toute satisfaction
tenant lieu de paiement, se payer par compensation, nover
la créance du prix, en faire acceptilation. Il sera dans tous
ces cas censé avoir touché le prix dans ses rapports avec le
débiteur, et la dette sera éteinte. (Loi 26, *de Solut.*
XLVI, 3.) Il en sera de même dans le cas où le défaut de
paiement du prix devrait être imputé à une faute du créancier. (L. 9 pr., *de Distr. pign.*)

Le créancier poursuivant touche le prix en entier, alors
même qu'il dépasse le montant de sa créance. Lui seul,
en effet, en doit compte au débiteur. En remettant directement l'excédent ou *hyperocha* au débiteur, l'acheteur
engagerait sa responsabilité : le créancier vendeur peut en
effet avoir un droit de rétention à exercer pour des
créances chirographaires, ou la compensation à opposer ;
il peut y avoir des créanciers postérieurs ayant le droit de
se payer sur l'*hyperocha*.

Comment le créancier doit-il employer le prix qu'il a
touché? Il faut distinguer le cas où il est seul créancier
hypothécaire et celui où il y en a d'autres.

Supposons d'abord que le vendeur soit seul créancier

hypothécaire. Si le prix égale ce qui lui est dû en principal et intérêts, il le garde entièrement et sa créance est éteinte. S'il est inférieur, il le prend à compte sur sa créance et conserve pour le surplus son action personnelle contre le débiteur et tous ceux qui sont personnellement tenus de la dette. Si le prix est supérieur aux droits du créancier, il ne peut garder que ce qui lui est dû. Il est en effet tenu par l'action *pigneratitia directa* de rendre compte au débiteur : la dette une fois payée, ce qui reste du *pignus* doit être restitué au débiteur.

Le créancier doit-il aussi rendre les intérêts de cet excédent ? Oui, s'il en a fait un placement, s'il en a tiré d'une façon quelconque un profit personnel, ou s'il est mis en demeure par le débiteur; non, dans tout autre cas.

Si le créancier vendeur n'a pas touché le prix, le débiteur ne peut intenter l'action pignératitienne pour obtenir l'excédent qui lui revient, mais il n'est pas non plus forcé d'attendre que l'acheteur paie de son plein gré : il peut exiger que le créancier lui cède les actions qu'il a contre l'acheteur. (L. 24, § 2, *de Pign. act.*) Mais le créancier ne pourrait obliger le débiteur à se contenter de la délégation qu'il lui ferait de l'acheteur. (L. 42, *de Pign. act.*)

Supposons maintenant que le vendeur ne soit pas seul créancier hypothécaire. Il est certain que si le prix ne dépasse pas ce qui lui est dû, il le conserve en entier. Mais quel sera l'emploi de l'*hyperocha*, s'il y en a ? Les créanciers postérieurs ont droit à ce qui reste de la chose lorsque le premier créancier est désintéressé; celui-ci devra donc leur rendre compte du prix qu'il a touché. Quelle action auront ces créanciers pour faire valoir leur droit ? Ils n'ont plus l'action hypothécaire, car le droit réel qu'ils avaient sur la chose a été éteint par la *distractio pignoris;* ils ne peuvent avoir une action naissant immédiatement de l'hypothèque, mais seulement une action *utilis* ou *in factum.* Les textes ne nous indiquent pas quelle sera cette action. Nous ne croyons pas, comme on l'a soutenu, que ce soit une action *hypothecaria utilis,* car le but est tout différent de celui de l'action hypothécaire qui tend à obtenir la possession de la chose avec le *jus distrahendi.* Quant à l'action *in factum,* le préteur ne la donnait en général que dans les cas auxquels aucune autre action ne pouvait être étendue. Ici les créanciers postérieurs doivent avoir une action semblable à celle du débiteur : par suite de la vente, leur droit hypothécaire a été transporté de la chose sur le prix : c'est ce qui revient au débiteur après le paiement du créancier antérieur qui leur est affecté; ils ont un droit de gage sur la créance du constituant, un *pignus nominis.* Ils agiront donc du chef du débiteur; ils exerceront à titre d'action utile l'action qu'il pourrait exercer lui-même. Ce sera l'action *pigneralitia directa utilis.* Au fond, c'est au débiteur seul que le vendeur doit compte; il ne connaît pas les créanciers postérieurs, et si en fait ceux-ci ne se font pas connaître, il rendra au débiteur toute la partie du prix qui excède ses droits; les autres créanciers agiront alors par l'action *pigneralitia contraria* contre le débiteur, qui seul s'est obligé envers eux. Mais on comprend que cette manière de procéder, outre qu'elle donnerait lieu à l'exercice de deux actions au lieu d'une, ferait courir aux créanciers postérieurs tous les risques de l'insolvabilité du débiteur. Il est donc juste qu'ils puissent agir directement par l'action utile et que le créancier soit tenu dans ce cas de leur remettre l'*hyperocha.* Chacun d'eux, bien entendu, ne pourra obtenir que ce qui lui revient en raison de son rang hypothécaire. S'il reste quelque chose lorsque tous les créanciers sont désintéressés, le débiteur y a droit.

Ainsi les créanciers postérieurs n'ont, pour obtenir leur part du prix, qu'une action personnelle ; ils sont exposés aux risques de l'insolvabilité et de la mauvaise foi du vendeur.

Dans l'hypothèse particulière où les créanciers postérieurs auraient, expressément ou tacitement, donné au premier créancier mandat de vendre, ils auraient naturellement l'action *mandati* : il en serait ainsi, par exemple, si, croyant trouver une occasion favorable, ils avaient décidé le premier créancier à vendre contre son gré, en lui garantissant son paiement.

Quelle serait la valeur d'une clause d'après laquelle le créancier pourrait s'attribuer dans tous les cas la totalité du prix, y compris l'*hyperocha* ? Selon nous, cette clause est prohibée comme la *lex commissoria*, car elle aboutit au même résultat : elle ouvre la porte à l'usure la plus scandaleuse. Cependant certains commentateurs pensent que la convention qui nous occupe ne doit pas tomber sous le coup de la prohibition édictée par Constantin. Dans notre hypothèse, disent-ils, le créancier est obligé de procéder à la vente avec les formalités ordinaires; il y a là une garantie pour le débiteur; il peut compter que la chose sera vendue à son véritable prix. Mais il est certain que cette clause n'aura d'intérêt que si la chose a une valeur supérieure au montant de la dette : or, dans ce cas le débiteur n'a guère à craindre que la chose n'atteigne pas un prix suffisant pour désintéresser le créancier; et si elle est vendue au-dessus de ce prix, qu'importe au constituant qu'elle soit vendue ou non à sa valeur, puis-

qu'il est sûr dans tous les cas qu'il ne lui reviendra rien ?
Il est certain que la clause en question le dépouille de
ce qui lui appartient légitimement. D'ailleurs aucun texte
précis n'indique que cette convention soit valable. On a
voulu cependant invoquer dans ce sens la loi 20, C., VIII,
28. Ce texte dit que pour répéter le *superfluum* qui lui
revient sur le prix de la vente du gage, le débiteur a
l'action *in personam pigneratitia* et non une action *in rem*,
et il ajoute : « *Si nihil convenit specialiter.* » Il est facile
de voir que la convention à laquelle ces derniers mots
font allusion n'est pas forcément celle qui nous occupe :
ce peut aussi bien être celle par laquelle le débiteur
s'engage, à défaut de paiement à l'échéance, à vendre la
chose au créancier moyennant un prix à fixer, convention
qui est parfaitement licite, comme nous l'avons vu. Nous
croyons donc que le créancier ne peut être autorisé à conserver à la fois l'équivalent de sa créance et l'*hyperocha*.

§ 2.

De l'extinction des dettes et des droits de gage et d'hypothèque.

Il nous reste à examiner comment la vente de la chose
engagée éteint les dettes auxquelles elle est affectée et les
droits de gage et d'hypothèque.

Extinction des dettes. — Selon la règle générale, c'est
le paiement qui éteint les dettes : le débiteur sera donc
libéré quand le créancier aura touché le prix, mais alors
seulement. Il est vrai que le créancier ne reçoit pas son
paiement des mains du débiteur, mais c'est le prix d'une
chose qui appartenait au débiteur, c'est en définitive une

valeur qui sort du patrimoine de celui-ci. La loi 12, § 1er, *de Distr. pign.*, indique que le débiteur sera libéré même si la chose vendue n'était pas sa propriété, car d'une part le créancier est désintéressé, d'autre part le débiteur est tenu de la garantie envers l'acheteur comme il était exposé à la revendication du vrai propriétaire : il sera obligé de payer la valeur de la chose.

Si le créancier, sans qu'il y ait faute de sa part, ne peut obtenir de l'acheteur le paiement du prix, le débiteur reste obligé. *(L. 9 pr. de Distr. pign.)* Nous avons vu que la dette persiste pour ce dont elle dépasse le prix payé par l'acquéreur. Dans ce cas, comment doit s'imputer le prix touché par le créancier? S'il y a plusieurs dettes de natures différentu lesquelles seront éteintes de préférence par le paiement? On sait que, quand le débiteur paie, il lui appartient de désigner la dette qu'il veut éteindre, et que, s'il ne l'a pas fait, l'imputation a lieu sur celle dont il avait le plus d'intérêt à se libérer, notamment sur une dette hypothécaire de préférence à une dette chirographaire. Mais lorsqu'il s'agit de l'imputation du prix provenant de la *distractio pignoris*, on suit une règle inverse, si toutefois aucune convention n'a été faite à cet égard : le créancier, qui est ici maître de la situation et agit dans son propre intérêt *(suum negotium gerit)*, peut imputer le paiement sur la créance pour laquelle il a le moins de garantie et même pour une créance purement naturelle. (L. 101, § 1er, *de Solut.*) S'il n'y a qu'une créance, le paiement s'imputera d'abord sur les intérêts. (Loi 35 *pr., de Pign. act.*)

Extinction des droits de gage et d'hypothèque. — L'extinction d'une créance emporte celle de ses accessoires et notamment des droits de gage et d'hypothèque qui la

garantissent. Il est donc naturel que les créanciers que la
vente désintéresse perdent les droits qui leur appartenaient
pour sûreté de leur créance. (L. 43, *de Solut.*, XLVI, 3.)
Mais ce ne sont pas seulement les créanciers qui ont reçu
leur paiement qui voient s'éteindre leurs droits de gage
ou d'hypothèque : tous les droits qui grevaient la chose
disparaissent par la vente et elle passe à l'acquéreur absolument libre. Cet effet de la vente se comprend sans peine
à l'égard du vendeur : en vendant la chose, il a épuisé le
droit qu'il avait sur elle, même s'il n'est pas complétement
désintéressé. Quant aux autres créanciers, il est vrai qu'ils
ont été étrangers à la vente, qu'ils n'ont pu prendre aucune mesure pour que la chose fût vendue le mieux possible ; néanmoins la vente leur fera perdre leurs droits.
Autrement il ne serait guère possible de trouver un acheteur. Les créanciers postérieurs peuvent bien exercer le
jus offerendi avant la vente, mais non après. (L. 12, §7, *Qui
potiores*, et l. 3 *pr.*, *de Distr. pign.*)

Il est donc certain que tous les droits de gage et d'hypothèque sont éteints par la vente de la chose ; mais on se
demande s'ils le sont *ipso jure* ou *exceptionis ope*. S'ils
sont éteints *exceptionis ope*, il pourra arriver dans certains cas que le créancier triomphe de l'exception qui
lui sera opposée, en invoquant, sous forme de réplique,
le droit qu'il avait sur la chose ; si son droit est éteint
ipso jure, il ne pourra jamais l'invoquer. Il faut distinguer,
pour résoudre cette question, le créancier vendeur des
créanciers postérieurs qui ont subi la vente, qui n'ont pu
exercer leur droit hypothécaire.

La loi 4, § 1er, *Quibus modis pignus*, nous paraît donner
la solution à l'égard du créancier vendeur : « *Si ipse ven-
didit creditor, sic tamen venditionem fecit ne discederet a*

5

pignore nisi ei satisfiat, dicendum erit exceptionem ei non nocere. » Il résulte de ce texte que c'est par une exception que l'acheteur ou son ayant cause repousse l'action du créancier qui a vendu : le droit de gage n'est donc éteint que *exceptionis ope;* l'acheteur opposera l'exception *nisi voluntate creditoris res veniit.* Le texte donne la même solution pour le cas où c'est le débiteur qui a vendu avec le consentement du créancier. Or Marcien, dans la loi 8, § 7, *ibid.*, dit que dans le cas où le débiteur a vendu un fonds hypothéqué avec le consentement du créancier et en a plus tard recouvré la possession, le débiteur ne pourra utilement exciper de ce qu'il a vendu *permissu creditoris :* en effet, « *quum pecunia soluta non sit, doli mali suspicio inerit, translata ad præsens tempus, ut possit creditor replicationem doli mali objicere.* » Ainsi, dans cette hypothèse, le créancier, par la réplique du dol, fera revivre son hypothèque : elle n'est donc pas éteinte *ipso jure* (1).

La même solution s'appliquera *a fortiori* à l'égard des créanciers postérieurs qui n'ont pas été désintéressés : ils peuvent dire, en effet, que leur action hypothécaire subsiste contre tout autre que le créancier *prior* ou son ayant cause; ils n'ont pas épuisé leur droit puisqu'ils ne l'ont pas exercé. S'ils agissent contre l'acheteur, ayant cause du premier créancier, il leur opposera l'exception *nisi ab eo empta est cui ante erat obligata.* Mais s'ils agissent contre un tiers qui serait devenu propriétaire par usucapion, ils triompheront. (Loi 12 *pr.* et § 7, *Qui potiores.*)

La vente faite par le créancier n'éteint donc pas les droits de gage et d'hypothèque d'une manière absolue, *ipso jure*, mais seulement *exceptionis ope :* ces droits peuvent reprendre dans certains cas leur efficacité.

---

(1) Jourdan, ch. 41, p. 543 et s.

CONCLUSION

On voit par tout ce qui précède que si le droit romain a réalisé un progrès considérable en arrivant peu à peu à la véritable notion de l'hypothèque, qui permet au débiteur d'utiliser le crédit que doivent lui donner ses biens, sans être obligé de s'en dessaisir, il ne l'a organisée que d'une façon bien imparfaite. Nous avons vu que pour exercer l'action hypothécaire, le créancier n'avait aucune condition de publicité à remplir : l'hypothèque était occulte, en sorte que, d'une part, la garantie hypothécaire était trompeuse pour les créanciers qui n'avaient aucun moyen de savoir s'ils n'étaient pas primés par quelque hypothèque antérieure; d'autre part, elle était dangereuse pour les acquéreurs, qui étaient toujours exposés à se voir évincés par un créancier dont ils ignoraient l'existence; ils n'avaient même pas la ressource de la purge pour se mettre à l'abri de ce danger. Ainsi, sans être un moyen de crédit sérieux, l'hypothèque était un grave obstacle à la circulation des biens.

Dans cette matière, le droit romain ne faisait guère que sanctionner la convention des parties et ne paraît pas avoir réglementé l'hypothèque comme une institution touchant à l'intérêt général. Ainsi la justice n'intervenait en aucune façon dans la vente, que le premier créancier faisait à sa guise, quand il voulait et comme il voulait : à ce point de vue les intérêts du débiteur et ceux des créanciers postérieurs étaient à sa merci. Mais le droit romain, qui n'admettait qu'avec timidité le droit pour le créancier de transférer la propriété d'une chose dont il n'était pas propriétaire, entourait la *distractio pignoris* de nombreuses formalités qui rendaient certainement beaucoup trop longue et trop difficile la réalisation du gage hypothécaire. D'autre part, c'était aller trop loin que de laisser aux parties la faculté de s'affranchir complètement de toutes ces formalités.

Mais en somme, si l'on compare l'hypothèque aux moyens employés à l'origine pour donner aux prêteurs d'argent quelque sûreté, il faut savoir gré aux Romains de nous avoir légué cette institution, si imparfaite qu'elle ait été entre leurs mains. Il a fallu, pour arriver au régime hypothécaire que nous possédons aujourd'hui, des siècles d'expérience et de tâtonnements : encore sommes-nous loin d'avoir réalisé sur ce point la perfection.

DROIT FRANÇAIS

———✳︎———

DES RÈGLES SPÉCIALES
A LA PUBLICITÉ DES HYPOTHÈQUES

et des privilèges immobiliers
au point de vue de l'exercice du droit de suite.

———✳︎———

S'il importe que les immeubles puissent être entre les mains de leurs propriétaires un puissant instrument de crédit et leur permettre de donner à leurs créanciers des garanties sérieuses, il y a aussi pour la société un intérêt de la plus haute gravité à ce que les biens circulent librement et facilement, et par conséquent à ce que la plus grande sécurité soit assurée aux acquéreurs. D'une part il faut que la garantie hypothécaire ne soit pas à la merci d'une aliénation, il faut que le créancier, tant qu'il n'est pas payé, conserve son droit sur l'immeuble en quelques

mains qu'il soit transmis ; d'autre part il faut que l'acquéreur connaisse la situation juridique de l'immeuble dont il
devient propriétaire, qu'il ne puisse pas se voir opposer
une charge qui grevait l'immeuble à son insu. Il faut donc
qu'il y ait un moyen de porter à la connaissance des intéressés les droits réels, et spécialement les hypothèques et
les privilèges qui pèsent sur un fonds.

On a vu dans la première partie de ce travail que le droit
romain n'avait pas résolu ce problème : il n'organisait
aucun système de publicité des hypothèques. Il a fallu bien
des siècles pour arriver à un régime de publicité hypothécaire qui sauvegarde à peu près les divers intérêts en jeu.
Encore est-on loin d'avoir atteint la perfection sur ce point
et reste-t-il à réaliser bien des progrès. L'histoire des
perfectionnements successifs du régime hypothécaire présente une marche très irrégulière, très lente d'abord,
rapide au contraire depuis un siècle. Aussi est-ce à
travers une succession de périodes très inégales en durée
que nous devrons étudier les divers procédés employés
pour porter à la connaissance des acquéreurs les charges
qui doivent suivre les immeubles entre leurs mains,
c'est-à-dire les règles de la publicité des hypothèques et
des privilèges immobiliers au point de vue du droit de
suite.

La première période est de beaucoup la plus longue :
elle correspond à l'ancien droit français et va depuis le
commencement du moyen âge jusqu'à la Révolution ; la
seconde correspond à l'époque qu'on est convenu d'appeler
la période intermédiaire et va jusqu'en 1804 ; la troisième
dure de 1804 à 1855 ; la quatrième a commencé avec la
loi du 23 mars 1855.

PREMIÈRE PÉRIODE

ANCIEN DROIT

On a vu que chez les Romains l'hypothèque n'offrait au créancier qu'une garantie assez incertaine. Dans le très ancien droit français nous ne trouvons même plus organisé un moyen quelconque d'utiliser le crédit qui réside dans la propriété immobilière. Chez les barbares, les meubles seuls sont le gage des créanciers ; les immeubles sont insaisissables. Lorsque l'on s'avisa de constituer des garanties sur les immeubles, on commença naturellement, par analogie avec le gage, par donner au créancier la possession du fonds que l'on voulait engager pour sûreté d'une dette. Sous les Carolingiens, le créancier se faisait constituer sur les immeubles une sorte de droit d'antichrèse : on en trouve un exemple dans la cinquième des *Formulæ veteres* du recueil de Marculphe, intitulée *Cautio de vinea*. Le créancier percevait les fruits et se payait ainsi, soit des intérêts seulement (dans ce cas il y avait *mort-gage*), soit des intérêts et du capital (il y avait alors *vif-gage*). Mais il n'avait pas le droit de vendre : les immeubles étaient toujours insaisissables.

Le régime féodal maintint naturellement cette règle : ce qui caractérise en effet ce régime, c'est que la condition des terres et la condition des personnes y sont intimement liées et réagissent l'une sur l'autre; la possession d'un immeuble se rattache nécessairement à un lien qui unit

un homme à un autre. Il ne pouvait dépendre du vassal
de se substituer une autre personne dans ses devoirs
féodaux envers son suzerain par une aliénation, soit
directe, soit indirecte. Il n'était pas plus en son pouvoir de
consentir à la saisie de sa terre que de la vendre sans
l'intervention du seigneur. Le suzerain devait facilement
donner son consentement à une vente amiable, car dans ce
cas l'acquéreur qui devenait son vassal était connu ; mais
donner à un créancier le droit de vendre eût été enlever
au seigneur féodal le choix de son tenancier. Aussi eut-on
plus de peine à admettre l'aliénation indirecte. On commença par chercher à obliger le débiteur à vendre lui-
même au moyen de la contrainte par corps. Enfin on finit
par admettre l'expropriation forcée. Elle ne pouvait avoir
lieu qu'en vertu d'une clause du contrat appelée *obligation ;* encore fallait-il que cette clause fût acceptée par le
suzerain : il résulte de là que cette obligation devait être
spéciale, désigner l'immeuble sur lequel portait la garantie
donnée au créancier. Elle engendrait le droit de suite et le
droit de préférence : c'était en somme une véritable hypothèque ; mais elle était occulte : aucun procédé juridique
n'était organisé pour instruire les tiers des charges qui
pesaient sur les biens. Cependant la nécessité de l'intervention du suzerain pouvait donner à l'obligation une
publicité de fait : on pouvait se renseigner auprès du
seigneur ou de ses agents sur la situation de l'immeuble.
Nous verrons que dans certaines coutumes cette publicité
de fait deviendra le germe d'un véritable système de publicité juridique.

Les inconvénients de l'occultanéité de l'obligation, disons
dès maintenant de l'hypothèque, s'accrurent lorsque la
règle de la spécialité fit place à celle de la généralité. A

l'origine, l'hypothèque pouvait résulter des actes sous seing privé, même des simples contrats verbaux, quand ils pouvaient être prouvés par témoins. Mais à partir du XIVe siècle l'acte privé n'eut plus force probante, à moins qu'il ne fût reconnu en justice. De plus, l'ordonnance de Moulins, en 1566, interdit la preuve testimoniale au-dessus de 100 livres. On prit l'habitude de ne se servir que d'actes authentiques pour constituer une hypothèque : cette habitude devint la règle juridique. D'autre part, à l'origine, l'acte public donnait seul au créancier le droit de saisir les meubles : cette garantie étant insuffisante, l'usage s'introduisit de stipuler dans les contrats authentiques une hypothèque générale sur tous les biens du débiteur ; cette clause devint de style, et on en arriva à admettre que tout acte public emportait hypothèque générale ; la généralité ne pouvait être écartée que par une clause expresse : la stipulation d'une hypothèque spéciale n'eût pas suffi. On comprend combien les tiers voyaient leur situation aggravée par cette règle : ils pouvaient se voir opposer une hypothèque résultant d'un contrat passé par un notaire quelconque qui leur était souvent absolument inconnu.

Le danger était encore augmenté par la multiplicité des hypothèques légales : l'hypothèque de la femme mariée, usitée d'abord dans les pays du midi ou de droit écrit où les traditions du droit romain étaient conservées, introduite bientôt par la jurisprudence dans les pays du nord ; puis l'hypothèque du mineur sur les biens du tuteur, celle du roi sur les biens des comptables, etc. : ces hypothèques étaient tacites et générales. Il y avait en outre les hypothèques légales spéciales, également tacites et presque toutes privilégiées : telles étaient l'hypothèque conférée à celui qui avait fait des frais pour arriver à la vente de l'immeuble, pour l'amélioration ou la conservation de cet immeuble, celles du vendeur et du copartageant, etc. Nous ne nous arrêterons pas à ces hypothèques, qui ne rentrent pas dans le cadre de notre étude; nous nous contenterons de même de signaler l'existence d'une hypothèque judiciaire, générale comme l'hypothèque conventionnelle, et à plus forte raison, les jugements ayant un caractère d'authenticité plus énergique que les actes notariés.

On voit que toutes ces hypothèques ont pour caractère commun la clandestinité, et que la généralité est la règle. Celui qui achetait un immeuble n'était jamais sûr d'en connaître la situation hypothécaire : il ne pouvait se faire communiquer les minutes des actes notariés, ni en obtenir des expéditions, et, l'eût-il pu, à qui se fût-il adressé, puisqu'un acte passé par un notaire quelconque emportait hypothèque sur tous les biens du débiteur dans toute la France? Loyseau ajoute même que des notaires ne craignaient pas, pour avantager certains créanciers, d'antidater leurs actes : « C'est pourquoi, dit-il, nous voyons advenir tous les jours du trouble aux tiers acquéreurs, à cause des hypothèques précédentes : dont il se voit une infinité de bonnes maisons ruinées. »

Ainsi l'exercice du droit de suite était, à cette époque, une menace toujours suspendue sur la tête des acquéreurs d'immeubles. On comprend quel obstacle un tel état de choses devait apporter à la circulation des biens.

Aussi essaya-t-on par divers moyens d'atténuer les inconvénients de la clandestinité. Une ordonnance de 1553 exige (art. 15) que les vendeurs déclarent les charges qui grèvent les immeubles « sous peine d'être tenus pour faux vendeurs... et pour ce punis des peines de droit. »

Pour se mettre à l'abri contre l'exercice du droit hypothécaire, l'acheteur pouvait employer le procédé du décret volontaire, fondé sur cette règle que le décret, ou saisie immobilière, nettoie toutes les hypothèques. L'acquéreur faisait pratiquer une saisie par un créancier fictif et se rendait lui-même adjudicataire : l'adjudication purgeait les hypothèques. Mais ce système présentait de graves inconvénients : d'abord il entraînait des frais considérables ; en outre les créanciers hypothécaires pouvaient surenchérir et évincer ainsi l'acquéreur.

Un autre remède, très imparfait aussi, était le bénéfice de discussion que pouvait invoquer l'acquéreur s'il n'était pas personnellement obligé à la dette. Mais ce bénéfice n'avait d'utilité que si le débiteur était solvable ; d'ailleurs certaines coutumes le refusaient.

Enfin l'acquéreur pouvait invoquer la prescription de 10, 20 ou 30 ans, selon les coutumes. On ne peut guère considérer comme une garantie pour les tiers les peines dont étaient frappés les stellionataires, généralement la contrainte par corps. C'était une maigre satisfaction pour le propriétaire évincé de pouvoir faire emprisonner son vendeur.

En somme, les inconvénients de la clandestinité n'étaient pas évités. Les esprits éclairés sentaient le besoin d'une réforme radicale, et il semble qu'elle devait s'imposer d'autant plus énergiquement que certaines coutumes avaient réalisé le progrès désiré. Nous devons dire quelques mots de ces coutumes avant d'étudier les diverses tentatives qui furent faites par les rois pour établir dans toute la France un système de publicité hypothécaire.

Coutumes de nantissement. — On a vu que sous le régime féodal le seigneur intervenait toujours dans l'aliénation, soit directe, soit indirecte, que faisait son vassal. Il conservait sur les terres du vassal le *domaine éminent* : c'était de lui que l'acquéreur était censé tenir tous ses droits; c'était lui qui, en cas d'aliénation, reprenait les droits qu'il avait conférés à une personne sur une terre, pour les transmettre à une autre personne. L'aliénateur se dessaisissait entre les mains du seigneur, qui à son tour investissait l'acquéreur. Au moyen âge, cette double transmission se manifestait par des formes symboliques comme on en trouve généralement chez les peuples ignorants et grossiers : c'était, par exemple, une motte de terre que l'aliénateur remettait au seigneur et que celui-ci donnait à son tour à l'acquéreur. Ces formalités avaient lieu aussi bien pour la constitution d'un droit réel, d'une hypothèque, que pour le transfert de la propriété. Ces traditions symboliques rendaient sensible aux yeux l'opération juridique et par cela seul étaient déjà de nature à la faire connaître aux tiers. Malheureusement l'influence du droit romain fit disparaître dans la plus grande partie de la France ces usages féodaux et prévaloir le système de la clandestinité. Mais certaines coutumes des pays du nord, où le régime féodal avait fait une impression plus énergique, résistèrent à l'envahissement des idées romaines et conservèrent l'usage des traditions symboliques. Seulement on en oublia l'origine et le caractère, et on ne les considéra plus que comme un moyen de publicité. Pour que cette publicité fût sérieusement utile, il fallait que le souvenir des formalités accomplies se perpétuât, se fixât dans un écrit que chacun pût consulter. Ce progrès se réalisa tout naturellement et on eut ainsi, dans un certain nombre de coutumes, un véritable système de publicité des mutations immobilières et des constitutions de droits réels.

Les divers procédés en usage dans ces coutumes sont désignés sous le nom générique de nantissement ou devoirs de loi. Le nantissement se fait, dit Loyseau, en trois façons : 1° par *saisine-dessaisine* (1), 2° par *main assise*, 3° par *mission en possession* (2).

1° Pour le rapport d'héritage, les deux parties se présentent devant la justice foncière, c'est-à-dire la justice du seigneur dont la terre relève. Le débiteur se *devest* de la propriété de l'héritage entre les mains du seigneur, et le créancier hypothécaire se fait à son tour *ensaisiner* par le seigneur. Cet ensaisinement est encore dans quelques coutumes (3) figuré par la tradition d'un bâton; mais généralement une simple déclaration suffit. (Loyseau, *du Déguerpissement*, l. III, ch. 1er, n° 33.) (4) Un acte est dressé des formalités accomplies et cet acte est enregistré au greffe de la justice qui l'a reçu. L'ensemble de ces actes constitue un registre dont le greffier doit délivrer des expéditions à tout requérant.

2° La main assise ne peut être obtenue que par le créancier qui a un titre authentique. En présentant ce titre au juge, il fait *asseoir* sur l'immeuble la main du seigneur immédiat ou du roi; il assigne le débiteur et le seigneur en reconnaissance de la validité de la main assise; le juge ordonne que la main assise tiendra jusqu'au paiement de la dette et qu'aucun nantissement postérieur ne pourra lui préjudicier. Procès-verbal du tout est inscrit sur les registres du greffe (5).

---

(1) On disait aussi « *rapport d'héritage* » et « *vest-devest.* »
(2) Ou « *mise de fait.* »
(3) Coutumes d'Artois (art. 75), de Cambrésis (tit. v, art. 1er), etc.
(4) Coutumes d'Amiens (art. 140, 141), de Ponthieu (art. 111 et s.), de Boulonnais (art. 118).
(5) Amiens (art. 142), Ponthieu (art. 113), Artois (art. 75).

3° Le créancier qui voulait obtenir la main mise ou mise de fait présentait son titre au juge foncier qui lui donnait une commission en vertu de laquelle il était envoyé en possession de l'immeuble. Le propriétaire et le seigneur étaient assignés en reconnaissance de la validité de la procédure et le juge confirmait la main mise. L'immeuble était mis sous la main du créancier. Il était tenu au greffe un registre des mises de fait (1).

« Il se trouve, ajoute Loyseau, une façon de nantissement plus simple et plus commune ès coutumes de Laon, Rheims et autres, à savoir que le créancier exhibe au sergent haut justicier son contrat portant hypothèque et le requiert que pour sûreté de sa créance il soit nanti par hypothèque de l'héritage et que dorénavant il ne fasse aucun nantissement ni dessaisine sinon à la charge de son hypothèque. »

Ces formalités, grâce aux registres où elles étaient mentionnées, constituaient un système complet de publicité hypothécaire qui rendit beaucoup de services dans les pays où il était en usage. Cette publicité était très efficace, car les hypothèques n'existaient qu'autant que les formalités du nantissement avaient été accomplies.

Cependant en général la publicité ne s'étendait pas, même dans les pays de nantissement, à toutes les hypothèques. Dans certaines de ces coutumes, l'ordonnance de Moulins, en 1566, introduisit l'hypothèque judiciaire qui permettait aux parties d'éluder facilement les formalités du nantissement. D'autre part, dans un grand nombre de coutumes de nantissement, la jurisprudence reconnaissait des hypothèques légales. (Amiens, V. Brodeau, *sur Louel*,

(1) Lille, *Bailliage*, ch. 19.

t. Ier, p. 856. — Boulogne, art. 101, édition de 1550, etc.)

Mais il y avait quelques coutumes où la règle de la publicité ne souffrait aucune exception, où les hypothèques légales elles-mêmes étaient soumises aux formalités du nantissement. Par exemple, la coutume de Liège s'exprime ainsi : « Les hypothèques tacites n'ont pas lieu au pays de Liège. » (Ch. 7, art. 60.) (1)

Ces systèmes de publicité présentaient certainement de grands avantages sur le régime du droit commun. On comprend facilement quelle sécurité en résultait pour les tiers et notamment pour les acquéreurs d'immeubles dont nous devons nous occuper spécialement. Aussi les populations des pays de nantissement montrèrent-elles un grand attachement à ces usages qui se maintinrent jusqu'à la Révolution à travers toutes les vicissitudes que traversa le régime hypothécaire et les tentatives infructueuses de réforme qui furent tentées à plusieurs reprises et que nous allons étudier brièvement.

Tentatives de réforme. — Le premier essai d'établissement d'un système de publicité dû à l'initiative du pouvoir royal est l'édit de 1581, soumettant à l'enregistrement ou contrôle les contrats authentiques portant hypothèque. La priorité de l'enregistrement assurait à celui auquel le contrat conférait un droit réel la préférence sur tout créancier hypothécaire ou acquéreur qui ne ferait enregistrer son titre que postérieurement. L'édit de 1581, dont le véritable but était purement fiscal, fut révoqué par un édit de 1588, donné à Chartres. (Basnage, *Hypothèques*, p. 2.)

Une autre tentative est due à Sully, qui paraît avoir

---

(1) *Sic :* Lille, chap. 12, art. 2.

compris un des premiers l'importance de la publicité hypothécaire. (*Mémoires*, liv. XXVI.) Il fit rendre en 1606 un
édit analogue à celui de 1581 : les Parlements en refusè-
rent l'enregistrement.

L'idée de Sully fut reprise par un autre grand ministre,
Colbert, qui inspira l'édit de 1673. Le principe de la publicité y était nettement posé et appliqué dans une large
mesure. La préférence entre les créanciers hypothécaires
devait se déterminer par la priorité de l'opposition, c'est-
à-dire de l'inscription. Cependant quelques restrictions
fâcheuses étaient apportées à la règle : d'abord les créances de moins de 100 livres, les rentes inférieures à
10 livres étaient dispensées d'enregistrement; de plus, les
oppositions enregistrées dans les quatre mois devaient
avoir un effet rétroactif, remontant au jour où les actes
avaient été passés : ainsi celui qui achetait un immeuble
pouvait encore pendant quatre mois se voir évincé par un
créancier hypothécaire dont le contrat aurait été passé la
veille de son acquisition, mais non enregistré. Enfin les
hypothèques légales étaient dispensées d'enregistrement;
toutefois la femme devenue veuve était tenue de former et
de faire enregistrer son opposition dans l'année, du jour
du décès de son mari, « passé lequel temps, dit l'article 64,
elle n'a plus hypothèque que du jour où elle aura fait enregistrer son opposition. » Les oppositions étaient enregistrées aux greffes des bailliages et sénéchaussées de la
situation des immeubles, et le greffier devait délivrer à tout
requérant des extraits de son registre.

Cet édit réalisait certainement un très grand progrès :
pour s'en rendre compte, il suffit de se rappeler les im-
menses inconvénients de la clandestinité. Cependant la
tentative de Colbert échoua comme les précédentes devant

l'opposition des grands propriétaires qui redoutaient de voir paraître au grand jour le délabrement de leurs fortunes, et devant la mauvaise volonté du Parlement qui, selon le Testament politique de Colbert, « n'eut garde de souffrir un si bel établissement qui eût coupé la tête à l'hydre des procès dont il tire toute sa substance.» (Ch. 12, p. 551, édition de 1693.)

Ce qui est plus singulier, c'est de voir Basnage et d'Aguesseau parmi les adversaires de l'édit. Derrière les mauvaises raisons qu'ils donnent, il est facile de découvrir le vrai motif, qui n'est autre que l'intérêt d'un grand nombre de débiteurs dont le prestige ne se soutenait que par la trompeuse apparence de la fortune. (Basnage, *Hypoth.*, ch. 1er, p. 10: — D'Aguesseau, édition de 1789, t. XIII, p. 620, et s.)

En 1674, l'édit de 1673 était rapporté.

Nous n'avons pas à parler ici de l'édit de 1771, remplaçant, pour la purge des hypothèques, la procédure des décrets volontaires par celle des lettres de ratification : cet édit n'a pas trait en effet à la publicité.

Publicité des aliénations d'immeubles. — La publicité des hypothèques a pour complément naturel la publicité des aliénations d'immeubles : s'il importe que l'acquéreur ne soit pas exposé à acheter un immeuble grevé de charges occultes, il faut aussi que le créancier n'ait pas à craindre de se voir frustré de la garantie sur laquelle il compte par une aliénation que rien ne lui a révélée. L'ancien droit cependant n'avait pas plus organisé de publicité pour les mutations immobilières que pour les droits réels. Aucune précaution n'était prise pour porter les aliénations à la connaissance des tiers, aucun registre, un

6

moins dans les pays de droit commun, n'était destiné à en conserver la trace. Toutefois les aliénations avaient par elles-mêmes une certaine publicité : la propriété n'était pas transférée, en effet, par le seul consentement; il fallait une tradition. Cette tradition se manifestait à l'origine par des formes symboliques dont nous avons parlé à propos des coutumes de nantissement. Dans ces dernières, nous avons vu qu'il était dressé un procès-verbal de l'accomplissement des formalités du nantissement et que ce procès-verbal était conservé sur un registre public : il y avait ainsi une publicité s'appliquant à la fois aux aliénations et aux constitutions de droits réels. Mais dans les pays de droit commun, ces registres n'existaient pas; les formes extérieures de la tradition disparurent elles-mêmes : par les clauses de dessaisine-saisine, qui devinrent de style, l'acquéreur était mis immédiatement en possession de l'immeuble vendu, sans tradition. En somme, dans le dernier état de l'ancien droit et en dehors des pays de nantissement, les mutations d'immeubles étaient occultes. Il faut cependant signaler une exception importante : l'ordonnance de 1731 astreint les donations à la formalité de l'insinuation. L'art. 27 dispose que le défaut d'insinuation peut être opposé par les tiers acquéreurs et créanciers du donateur. Ainsi toute hypothèque constituée avant l'insinuation de la donation donnait au créancier le droit de suite contre le donataire, alors même que la donation eût été antérieure à la constitution de cette hypothèque (1).

_____

(1) L'ordonnance de 1747, art. 18, exige la publication et l'enregistrement des substitutions fidéicommissaires. L'art. 32 donne aux créanciers et tiers acquéreurs le droit d'opposer aux substitués le défaut de publicité.

DEUXIÈME PÉRIODE

DROIT INTERMÉDIAIRE

Tous les efforts tentés par le pouvoir royal pour établir dans toute la France la publicité des hypothèques avaient échoué; le maintien du régime de la clandestinité était, on l'a vu, la conséquence de l'ancien ordre social, du prestige que la noblesse voulait conserver et auquel on n'osait porter atteinte. La Révolution, qui supprimait les privilèges attachés à la naissance, ne devait pas être arrêtée par les mêmes considérations : l'obstacle qui s'était opposé à la réforme hypothécaire n'existait plus.

La première loi qui applique d'une manière complète le principe de la publicité est celle du 9 messidor an III.

Loi du 9 messidor an III. — D'après cette loi, toute hypothèque doit être inscrite et prend rang à la date de son inscription. Cependant, et c'est là une restriction fâcheuse, l'hypothèque inscrite dans le mois qui suit l'acte constitutif de la créance prend rang rétroactivement à la date de cet acte.

L'hypothèque ne peut résulter que de la convention constatée par acte authentique ou d'un jugement : les hypothèques légales sont supprimées; l'intérêt des incapables est ainsi sacrifié.

Un autre inconvénient de cette loi est de conserver le système de l'hypothèque générale sur tous les biens du débiteur. Le créancier peut exiger du débiteur la déclaration exacte des immeubles qu'il possède dans l'arrondissement. Toute personne qui s'oblige est censée offrir une garantie hypothécaire suffisante, et elle est déchue du terme pour tout ce dont sa dette excède la valeur de ses biens hypothéqués. C'est là une règle souvent contraire à l'intention des parties : elle viole la liberté des conventions et le secret de la situation pécuniaire des particuliers.

La loi de l'an III crée une innovation curieuse, les cédules hypothécaires : les propriétaires sont autorisés à prendre inscription sur leurs propres immeubles et à se faire délivrer par le conservateur des hypothèques, jusqu'à concurrence de la valeur de ces immeubles, des titres, appelés cédules, leur permettant de transmettre le bénéfice de cette inscription à ceux envers qui ils s'obligeront. Ces cédules étaient destinées, dans l'esprit des législateurs de l'an III, à servir de papier-monnaie, à se transmettre de main en main par voie d'endossement. Il fallait pour cela que la valeur de la garantie hypothécaire fût certaine : aussi le conservateur des hypothèques devait-il vérifier les titres de propriété et contrôler l'évaluation fournie par le propriétaire dans sa déclaration foncière : il en était responsable.

Il fallait en outre que cette valeur pût être promptement et facilement réalisée. Aussi la loi veut-elle que la créance cédulaire soit toujours exigible. C'était rendre l'exercice du droit de suite très rigoureux pour l'acquéreur qui pouvait être tenu de rembourser immédiatement tous les porteurs de cédules. Sans doute l'existence des cédules lui était révélée par le registre du conservateur des hypothèques auquel il pouvait demander un état des inscriptions ; mais il n'avait aucun moyen de purger l'immeuble ; d'ailleurs il lui eût été souvent impossible de connaître les créanciers cédulaires. La loi sacrifiait complètement ses intérêts à ceux des créanciers. C'est encore en faveur de ceux-ci qu'elle exigeait que toute aliénation fût constatée par acte authentique et précédée d'une déclaration foncière des biens qui en étaient l'objet. L'acte d'aliénation devait, pour investir l'acquéreur d'un droit opposable à tous, être notifié au conservateur des hypothèques, gardien des intérêts des créanciers cédulaires.

De telles dispositions devaient être un obstacle très sérieux aux aliénations d'immeubles, d'autant plus que, par suite de la généralité de l'hypothèque, chaque immeuble étant affecté à la garantie de toutes les dettes du propriétaire, il aurait fallu que l'acquéreur d'un bien quelconque désintéressât tous les créanciers de son vendeur.

Ainsi la loi de l'an III, tout en réalisant un progrès très important, puisqu'elle consacrait le principe de la publicité, présentait de graves inconvénients : elle sacrifiait les intérêts des incapables ; elle faisait au débiteur une situation trop rigoureuse en grevant tous ses immeubles pour une dette quelconque et souvent contrairement à l'intention des parties ; enfin, par l'institution des cédules, elle rendait difficile l'aliénation des immeubles, sans réussir à créer un titre transmissible aussi facilement que le papier-monnaie : il est évident en effet que l'emprunt hypothécaire est dans l'intention des parties destiné à avoir une certaine durée ; l'emprunteur ne veut pas être toujours sous le coup d'un remboursement immédiat. D'ailleurs, malgré toutes les précautions prises, une créance hypothécaire ne peut être assez sûre pour remplacer la monnaie : la responsabilité imposée au conservateur des hypothèques était trop lourde pour être efficace.

Enfin nous ne ferons que signaler un autre inconvénient
du système établi par la loi de l'an III : c'est qu'il porte une
atteinte grave aux droits du légitime propriétaire en l'expo-
sant à voir ses biens hypothéqués à son insu par des tiers
de mauvaise foi. Toute personne qui réussit à présenter
des titres de propriété jugés suffisants par le conservateur
des hypothèques peut se faire délivrer des cédules sur un
immeuble qu'elle prétend lui appartenir. L'examen des
titres par le conservateur des hypothèques est la seule
garantie du propriétaire.

D'aussi graves défauts rendaient l'application de la loi à
peu près impossible : elle ne fut même pas tentée. Plusieurs fois prorogée, la loi de l'an III fut définitivement
abandonnée et remplacée par celle du 11 brumaire an VII.

Loi du 11 brumaire an VII (1). — Cette nouvelle loi
était beaucoup plus pratique; elle réglementait la publicité
d'une manière rationnelle. Elle est le point de départ du
régime hypothécaire moderne.

La publicité est exigée pour les transmissions de propriété comme pour les constitutions d'hypothèques. Dans
le premier cas, elle consiste dans la transcription de l'acte
translatif; dans le second cas, c'est une inscription sur les
registres du conservateur des hypothèques. Il y a entre la
transcription et l'inscription une corrélation intime; elles
se complètent l'une l'autre, et c'est de leur combinaison
que résulte la publicité du droit de suite. D'après l'art. 26,
« les actes translatifs de biens et droits susceptibles d'hypothèque doivent être transcrits sur les registres du bureau

_____

(1) V. le commentaire de cette loi dans les *Notions élémentaires sur le
régime hypothécaire*, par le citoyen Hua, an VII.

de la conservation des hypothèques dans l'arrondissement duquel les biens sont situés; jusque-là, ils ne peuvent être opposés aux tiers qui auraient contracté avec le vendeur et qui se seraient conformés aux dispositions de la présente loi, » et notamment aux créanciers hypothécaires inscrits. Réciproquement, tant qu'une hypothèque constituée par le vendeur n'est pas inscrite, elle ne peut être opposée à un acquéreur qui a fait transcrire son titre. Ainsi, de même qu'entre deux créanciers hy, thécaires le premier inscrit a la préférence sur l'autre, de même dans les rapports d'un créancier hypothécaire du vendeur et d'un acquéreur, celui qui aura le premier accompli les formalités de la publicité, inscription ou transmission, pourra opposer son droit à l'autre.

Le principe de la publicité des hypothèques ne comporte d'autre exception que celle établie par l'art. 11 en faveur des privilèges généraux, qui ne sont d'ailleurs attribués qu'à des créances généralement peu considérables. Les hypothèques légales elles-mêmes sont soumises à l'inscription. Cette règle est rigoureuse ; elle sacrifie les intérêts des incapables qui ne peuvent prendre inscription. Il eût peut-être suffi de prescrire l'inscription dans un bref délai à partir de la cessation de l'incapacité, car tant que dure celle-ci, elle est connue des tiers et leur révèle l'existence de l'hypothèque.

L'hypothèque conventionnelle ne peut résulter que d'un acte authentique.

Comme conséquence de la publicité, la loi de l'an VII établit la spécialité de l'hypothèque. L'inscription doit désigner l'immeuble grevé et le montant de la créance. Toutefois cette règle ne s'applique qu'aux hypothèques conventionnelles.

Enfin un nouveau mode de purge est établi. L'acquéreur peut se soustraire à l'exercice du droit de suite en offrant son prix aux créanciers qui peuvent soit l'accepter, soit faire une surenchère d'un dixième et provoquer ainsi une adjudication.

Le système de la loi de l'an VII est encore aujourd'hui en vigueur, tout au moins dans ses grandes lignes. Il est donc inutile d'en exposer ici le fonctionnement en détail, les questions qui s'y rattachent devant être résolues dans la suite de cette étude.

Il est facile de voir que cette loi réalisait un progrès incontestable sur les législations antérieures. Elle conciliait les intérêts des créanciers hypothécaires et ceux des acquéreurs d'immeubles et donnait aux uns et aux autres une sécurité beaucoup plus grande que les régimes antérieurs. Cependant nous allons voir le Code civil rejeter en partie le système de l'an VII, et ce n'est qu'en 1855 que la publicité du droit de suite sera rétablie sur les bases que lui avaient données les législateurs du Directoire.

TROISIÈME PÉRIODE

(1804-1855)

SYSTÈME DU CODE CIVIL

Lors de la rédaction du Code, il y eut de longues discussions entre les partisans de la publicité et ceux de la clandestinité. Les principes consacrés par la loi de l'an VII finirent par l'emporter, mais on fit quelques concessions aux défenseurs de l'hypothèque occulte. Le grand grief qu'ils adressaient à la loi du 11 brumaire était de sacrifier les intérêts des incapables en exigeant la publicité des hypothèques légales. Ce reproche était fondé, et nous verrons qu'on en tint compte. Mais les rédacteurs du Code furent moins bien inspirés en supprimant la publicité des actes translatifs de la propriété des immeubles.

À la vérité, ils semblent bien avoir eu au moins l'intention de maintenir la transcription pour les aliénations à titre onéreux comme pour les donations. Lors de la discussion sur le titre de la vente, la question de savoir si la transcription subsisterait se posa : les avis étaient partagés : on ajourna la solution de cette question jusqu'à l'examen du titre des hypothèques ; on se contenta dans l'article 1583 d'indiquer que la vente serait parfaite *entre les parties* par le seul consentement. Le projet correspondant au titre xviii du livre III contenait un article 91 ainsi conçu : «Les actes translatifs de propriété qui n'ont pas été transcrits ne peuvent être opposés aux tiers qui auraien!

contracté avec le vendeur et qui se seraient conformés aux dispositions de la présente. » Cet article donna lieu à une discussion, à la suite de laquelle le Conseil d'Etat décida : « 1° que la disposition de l'article n'est pas applicable aux contrats de vente antérieurs à la loi du 11 brumaire; 2° que la transcription du contrat ne transfère pas à l'acheteur la propriété lorsque le vendeur n'était pas propriétaire. »

Le texte fut renvoyé devant la commission pour être rédigé dans le sens des amendements adoptés. Mais il n'a pas reparu dans le Code civil, sans que l'on puisse savoir si cette omission est purement accidentelle ou si elle est le résultat d'un revirement dans les idées des législateurs.

On se demanda si l'on devait considérer la transcription comme supprimée, du moins dans le rôle que lui attribuait la loi de l'an VII. Des commentateurs cherchèrent à démontrer qu'elle était encore nécessaire sous l'empire du Code. (*Sic:* Jourdan, *Thémis*, t. V, p. 373. — Comte : Sirey, t. XII, p. 217. — Hureaux, Valette, Bonjean, Mourlon.) Ils invoquaient d'abord l'article 1583, prétendant que, la vente étant parfaite entre les parties par le seul consentement, il en résultait *a contrario* que pour être opposable aux tiers il lui fallait quelque chose de plus, que ce ne pouvait être que la transcription, les rédacteurs du Code ayant manifesté l'intention de maintenir le système de la loi de l'an VII. Cette opinion s'appuyait encore sur les articles 2108 et 2189. L'article 2108 indique que le privilège du vendeur se conserve par la transcription du titre qui a transféré la propriété à l'acquéreur et par l'inscription prise d'office par le conservateur des hypothèques sur l'acquéreur. Cet article, disait-on, ne se comprendrait pas si la transcription n'était pas exigée. La transcription étant maintenue, l'acquéreur est obligé d'y procéder pour consolider sa propriété ; la transcription, en le rendant propriétaire à l'égard des tiers, avertira en même temps ceux-ci de l'existence du privilège ; l'inscription n'aura lieu qu'après la transcription parce que, devant être prise sur l'acquéreur, elle ne sera efficace qu'à la condition que celui-ci soit devenu propriétaire définitif et connu de tous comme tel. Si au contraire la transcription n'est plus exigée pour rendre l'aliénation définitive, l'acquéreur n'aura pas d'intérêt à la faire, la conservation du privilège ne sera plus assurée ; d'autre part l'inscription ne sera d'aucune utilité, car elle sera prise sur une personne que les tiers ne connaissent pas : ainsi l'article 2108 ne s'explique plus si la transcription n'est plus exigée.

L'article 2189 dispense l'acquéreur qui conserve l'immeuble à la suite de la purge de faire transcrire le jugement d'adjudication. Cela est tout naturel, dit-on, car dans ce cas il n'y a pas de mutation de propriété, aucune publicité n'est nécessaire. Mais si la loi dispense de la transcription dans ce cas parce qu'il n'y a pas de mutation de propriété, c'est que cette formalité est nécessaire quand la mutation a lieu. Toute exception suppose une règle : cette règle, c'est celle qu'édictait la loi de l'an VII, la nécessité de la transcription pour rendre l'aliénation opposable aux tiers. Le Code civil maintenait donc la nécessité de la transcription pour rendre l'aliénation parfaite à l'égard de tous.

Ces arguments sont excellents pour démontrer que la disparition de l'article 91 du projet sur les hypothèques a laissé une lacune regrettable dans le Code. Mais est-il permis au commentateur de combler cette lacune ? Sans

doute l'article 1583 est une disposition incomplète : il parle
bien des conditions de validité de la vente entre les parties,
mais il n'y est pas question des tiers. Faut-il en conclure
qu'à leur égard la législation antérieure est maintenue?
L'argument *a contrario* ne ramène pas au droit commun,
puisqu'il aboutit à exiger une formalité tout arbitraire,
qui n'est nullement de la nature des contrats. Nul texte
n'indique que cette formalité ait été maintenue par le Code.
On dit que la disparition de l'article 91 du projet est accidentelle, qu'en réalité ce texte avait été adopté, qu'il doit
être considéré comme appartenant au Code civil. Mais rien
ne prouve que cette suppression n'ait pas été voulue après
coup par les législateurs eux-mêmes; d'ailleurs l'inter-
prète doit prendre la loi telle qu'elle a été promulguée:
ce qui n'est pas écrit dans le Code n'appartient pas au
Code. Quant aux articles 2108 et 2189, il est certain qu'en
les rédigeant le législateur se référait à l'article 91 du
projet, dont il considérait l'adoption comme un fait acquis. Ils s'expliquent difficilement sous l'empire du Code,
tel qu'il a été promulgué (quoique la transcription subsiste
encore, l'article 2106 l'exigeant comme préliminaire de
la purge), mais, encore une fois, nous ne voyons pas que
ces difficultés autorisent le commentateur à rétablir un
texte qui n'est pas dans la loi.

La question paraît d'ailleurs avoir été tranchée par l'article 834 du Code de procédure civile. Ce texte permet aux
créanciers hypothécaires du vendeur qui n'auraient pas
pris inscription avant l'aliénation de le faire encore valablement dans la quinzaine de la transcription opérée en
vertu de l'article 2181. Mais cette inscription ne pourra
être prise que par ceux qui avaient déjà une hypothèque
antérieure à l'aliénation : cela résulte des termes de l'arti-

cle 834. Donc, à partir de l'aliénation, il ne peut plus être constitué d'hypothèque sur l'immeuble du chef du vendeur : l'aliénation est par conséquent opposable aux tiers dès qu'elle est parfaite entre les parties. D'ailleurs la jurisprudence n'a jamais admis le maintien par le Code civil des règles de la loi de l'an VII sur la nécessité de la transcription. (*Sic :* Cass. 16 octobre 1810. Sirey, 1810, I, 25.)

Examinons rapidement le régime établi par le Code civil au point de vue de la publicité du droit de suite. Le Code consacre de nouveau la règle générale que l'hypothèque ne vaut que par l'inscription. Cette règle s'applique sans restriction aux hypothèques conventionnelles. Le droit de suite ne peut être exercé par le créancier qu'autant qu'il a pris inscription sur l'immeuble du chef du débiteur. C'est ce qui résulte de l'article 2166. Mais, lorsqu'il a rempli cette formalité, il n'est plus, sous l'empire du Code, certain de pouvoir exercer son droit hypothécaire à l'égard de tous. Il peut arriver, en effet, qu'au moment où il a pris son inscription son débiteur ait cessé d'être propriétaire de l'immeuble : dès lors l'hypothèque est constituée *a non domino* et n'est plus opposable à l'acquéreur. Or le créancier n'a aucun moyen de connaître l'aliénation faite par son débiteur, car aucune publicité ne lui est donnée. La transcription prescrite par l'article 26 de la loi de l'an VII n'est plus exigée : la propriété est transférée à l'égard de tous par le seul consentement, si ce n'est en matière de donation où la transcription reste nécessaire. Sauf cette exception, toute aliénation fait obstacle, à partir du moment où elle est réalisée par le consentement des parties, à la prise d'une inscription pouvant conférer le droit de suite : le créancier peut se voir opposer une aliénation antérieure à la constitution d'hypothèque, mais que rien

ne lui aurait révélée, ou même une aliénation consentie
par le débiteur immédiatement après la constitution d'hypothèque, avant qu'il ait eu le temps de prendre inscription. Aussi le Code civil rouvre à la fraude la porte qui lui
avait été fermée par la loi de brumaire.

La transcription subsiste bien toujours ; mais elle ne
constitue plus qu'une publicité vaine, qui vient trop tard
et qui n'a aucune sanction, puisque l'aliénation est parfaite
à l'égard de tous par le seul consentement. Aussi les acquéreurs n'avaient-ils garde, sous ce régime, de faire les
frais d'une transcription, si ce n'est dans le cas où elle est
exigée par l'article 2181, comme préliminaire de la purge.

L'article 2166 exige certainement l'inscription pour les
privilèges comme pour les hypothèques. On l'a contesté
en faisant remarquer que l'adjectif *inscrite*, étant au singulier, ne devait se référer qu'au mot hypothèque et que,
par conséquent, les privilèges n'étaient pas soumis à la
nécessité de l'inscription. Cette distinction est inadmissible
a priori : les privilèges sur les immeubles n'étant en somme
que des hypothèques privilégiées, on ne comprendrait pas
que le même régime de publicité ne leur fût pas applicable. L'article 2166 a été écrit avec l'ancienne orthographe
d'après laquelle l'adjectif qui qualifie deux substantifs
réunis par la conjonction *ou* ne s'accorde qu'avec le
dernier.

Mais l'article 2166 ne s'applique pas aux hypothèques légales des mineurs et des femmes mariées. Cela résulte de
l'article 2193 qui, sous la rubrique « du mode de purger les
hypothèques quand il n'existe pas d'inscription, » établit
un système de purge spécial pour ces hypothèques : c'est
donc qu'elles sont opposables aux acquéreurs, quoique
non inscrites. En cela le Code civil est plus favorable aux

intérêts des incapables que la loi de l'an VII. Les mineurs et les femmes mariées ne pouvant prendre eux-mêmes inscription, il était juste de ne pas faire dépendre la garantie qui leur est accordée de la diligence plus ou moins douteuse de personnes intéressées à ce que l'inscription ne fût pas prise.

Le Code civil, qui supprimait la publicité des aliénations d'immeubles à titre onéreux, maintenait au contraire dans les articles 939 et suivants la publicité des donations. La transcription exigée pour leur validité nous paraît plutôt empruntée à l'ordonnance de 1731, qui lui donnait le nom d'insinuation, qu'à la loi de l'an VII. Il nous importe peu d'ailleurs de trancher ici la question de savoir s'il faut se référer à l'une ou à l'autre de ces législations antérieures pour interpréter l'article 941 qui donne le droit d'opposer le défaut de transcription à toute personne y ayant intérêt. Il est certain que les créanciers hypothécaires pouvaient aussi bien invoquer le défaut de transcription sous l'empire de la loi de l'an VII que le défaut d'insinuation sous l'empire de l'ordonnance de 1731 : ils peuvent donc sans aucun doute invoquer le défaut de publicité sous l'empire du Code. Donc, en cas d'aliénation à titre gratuit, ce n'est que la transcription qui met fin au droit pour les créanciers hypothécaires de prendre utilement inscription sur le donateur (1).

Le Code civil maintenait aussi pour les substitutions qu'il permet la transcription établie par l'ordonnance de 1747. Aux termes de l'art. 1070, « Le défaut de transcription de l'acte contenant la disposition pourra être opposé par les créanciers et tiers acquéreurs, même aux mineurs

_____

(1) Flandin, *Transcription*, n° 951.

ou interdits, sauf le recours contre le grevé et contre le
tuteur à l'exécution, etc. » Il résulte de ce texte que les
créanciers hypothécaires auxquels la substitution pourrait
nuire ne pourront se la voir opposer que si elle a été
transcrite. Ces créanciers hypothécaires sont ceux du grevé.
Supposons que Primus donne l'immeuble A à Secundus
son neveu, avec substitution au profit des enfants nés et à
naître de ce dernier; la transcription exigée par l'art. 1069
n'est pas faite et Secundus constitue sur l'immeuble une
hypothèque en faveur de Tertius qui l'inscrit. Tertius
pourra poursuivre la vente de l'immeuble contre les appelés, c'est-à-dire leur opposer le défaut de transcription de
la substitution. Les créanciers du grevé peuvent donc
prendre utilement inscription jusqu'à la transcription exigée par l'article 1069.

Le défaut de transcription pourrait-il aussi être opposé
par un créancier hypothécaire du disposant? Si ce créancier voulait agir contre le grevé, il n'aurait certainement
pas à se prévaloir du défaut de transcription de la substitution, car le grevé ne tire pas ses droits de cette substitution : il se contenterait d'opposer, s'il y avait lieu, le
défaut de transcription de la donation. M. Flandin (1)
pense que le créancier qui a une hypothèque du chef du
donateur pourra opposer le défaut de transcription de la
substitution aux appelés. Il nous semble que c'est jouer
sur les mots. Il est certain qu'une seule transcription suffit
pour les donations entre vifs contenant substitution (2):
la transcription faite conformément à l'article 939 satisfait
en même temps aux exigences de l'article 1069. Or ce

(1) *Transcription*, n° 981.
(2) Flandin, *ibid.*, n° 748.

n'est pas la substitution, mais la donation elle-même qui pourrait préjudicier au créancier du disposant, car c'est par la donation que son débiteur se dépouille. Il opposera donc le défaut de transcription de l'acte de donation si cet acte n'a été transcrit que postérieurement à l'inscription de son hypothèque, que ce soit en vertu de l'article 939 ou en vertu de l'article 1069 ; si l'acte a été transcrit antérieurement à l'inscription de l'hypothèque, la donation sera opposable au créancier aussi bien par les appelés que par le grevé, car la transcription a profité aux uns comme aux autres (1). L'article 1070 ne touche donc en rien aux droits des créanciers du disposant.

Système du Code de procédure. — Le grand vice du système du Code civil était l'abandon des dispositions établies par la loi de l'an VII pour la publicité des aliénations d'immeubles. C'était un grave danger pour les créanciers hypothécaires ; c'était aussi pour le fisc une perte très sensible : la transcription étant inutile pour rendre l'aliénation parfaite à l'égard de tous, on ne transcrivait plus du tout et l'on évitait ainsi de payer le droit proportionnel de 1 1/2 %. Ce fut surtout, il faut l'avouer, à cette dernière considération que le législateur se montra sensible, et c'est dans l'intérêt du fisc qu'il introduisit dans le Code de procédure les articles 834 et 835 qui vinrent donner à la transcription une utilité nouvelle.

D'après l'article 834, les créanciers qui, ayant une hypothèque aux termes des articles 2123, 2127 et 2128, ne l'ont pas fait inscrire avant l'aliénation de l'immeuble, peu-

---

(1) Si la substitution avait lieu par testament, sa transcription serait à plus forte raison indifférente au créancier hypothécaire ayant inscription du chef du testateur, le legs lui-même ne pouvant lui préjudicier.

vent le faire dans la quinzaine à partir de la transcription de l'aliénation, faute de quoi ils perdent le droit de faire une surenchère du dixième, c'est-à-dire le droit de suite.

Ainsi l'acquéreur a intérêt à transcrire pour faire courir le délai de quinzaine dont l'expiration mettra son immeuble à l'abri de toute inscription nouvelle. Mais cette transcription n'est nullement nécessaire au transfert de la propriété, en quoi elle se distingue profondément de celle de la loi de brumaire.

L'article 834 indique en effet que l'inscription ne peut être prise après l'aliénation que par ceux qui auraient pu la prendre avant. Toute hypothèque consentie par le débiteur depuis l'aliénation serait constituée *a non domino*.

Le créancier hypothécaire n'a donc toujours pas une sécurité parfaite, car il n'est pas sûr, au moment où il se fait donner une hypothèque, que le constituant soit propriétaire de l'immeuble. D'après l'article 835, l'acquéreur qui veut purger est dispensé de faire aux créanciers qui n'auraient inscrit leur hypothèque qu'après la transcription les notifications exigées par les articles 2183 et 2184 ayant pour but de les mettre en demeure de faire la surenchère du dixième : ils peuvent ainsi perdre le bénéfice du droit de suite.

L'article 834 renvoie aux articles 2123, 2127 et 2128 : il est donc applicable aux hypothèques judiciaires et aux hypothèques conventionnelles. Le deuxième alinéa indique qu'il s'applique aux privilèges immobiliers. Mais il ne renvoie pas à l'article 2121 : il n'est donc pas applicable aux hypothèques légales. Cela s'explique naturellement, pour celles du mineur et de la femme mariée qui sont dispensées d'inscription pour le droit de suite comme pour le droit de préférence, ainsi que l'indique l'article 2193 qui établit pour elles un mode spécial de purge. Mais parmi les hypothèques légales, celles de l'Etat et des établissements publics sont soumises à la règle commune de l'inscription. L'article 834 leur étant étranger, elles restent soumises au régime du Code civil : elles devront être inscrites avant toute aliénation.

D'autre part, l'article 834, faisant partie des dispositions relatives à la surenchère sur aliénation volontaire, ne régit pas les ventes forcées. En cas d'expropriation forcée, c'est le jugement d'adjudication qui réalise l'aliénation de l'immeuble ; aucune inscription ne pourra donc être prise du chef du saisi après ce jugement.

La loi du 3 mai 1841, sur l'expropriation pour cause d'utilité publique, est venue par son article 17 apporter un complément au système organisé par le Code de procédure. Les créanciers ayant une hypothèque sur l'immeuble exproprié devront, pour la conserver, l'inscrire dans la quinzaine de la transcription du jugement d'expropriation.

QUATRIÈME PÉRIODE

LOI DU 23 MARS 1855

En somme, le Code de procédure n'avait corrigé que dans une mesure tout à fait insuffisante les vices du système hypothécaire établi par le Code civil. C'était toujours un régime de publicité bâtard. La publicité des hypothèques ne peut en effet être réellement efficace, donner aux prêteurs une véritable sécurité, qu'à la condition d'être liée à la publicité des actes translatifs de propriété immobilière. Aussi avons-nous vu certains jurisconsultes chercher à démontrer que la transcription était encore nécessaire sous le nouveau régime. Mais cette opinion ne fut jamais admise par la jurisprudence. (Bruxelles, 6 août 1811 : Sirey, 1812, II, 232.)

La plupart des commentateurs critiquèrent vivement le système établi par le Code civil et le Code de procédure. Plusieurs demandaient le rétablissement de la transcription ; d'autres n'osaient pas aller jusque-là, craignant, comme Duranton (1), d'apporter dans le Code une trop grande perturbation.

Dès 1812, M. Hua publia un écrit « sur la nécessité de réformer la législation hypothécaire. » Cette nécessité devint de plus en plus manifeste, l'expérience ayant bientôt montré les dangers des prêts hypothécaires sous ce régime.

(1) T. XIX, p. 21.

En 1827, Casimir Périer, alors député, proposa un prix de 20,000 fr. à l'auteur du meilleur mémoire sur le moyen de porter remède aux graves inconvénients du régime hypothécaire en vigueur. On remarqua, parmi les travaux inspirés par ce concours, celui de M. Decourdemanche, avocat à Paris, intitulé : « *Du danger de prêter sur hypothèque* (1). » L'auteur expose les nombreux cas dans lesquels les prêteurs peuvent être trompés et comme remède il propose d'établir une publicité des déclarations d'absence, des adoptions, des hypothèques légales, des inventaires, des partages ; il demande la suppression de l'hypothécaire judiciaire et la transmission des hypothèques par voie d'endossement (2).

Les réclamations élevées contre le régime hypothécaire furent portées au Parlement, où Dupin se fit le défenseur énergique des réformes demandées. « La loi des hypothèques, dit-il, qui devait être faite pour assurer les créances, ne laisse pas les créanciers sans inquiétude pour leur conservation. » Et il disait encore à la Cour de cassation : « Celui qui achète n'est pas sûr d'être propriétaire, celui qui paie de n'être pas obligé de payer une seconde fois, et celui qui prête d'être remboursé. »

Dès cette époque, en 1841, M. Loreau, directeur des domaines, dans son livre : *Du Crédit foncier et des moyens de le fonder*, proposait un système de publicité nouveau auquel on est revenu de nos jours et qu'il est question d'établir en Algérie. Il demandait l'ouverture de registres destinés à contenir l'état civil des immeubles. Chaque immeuble devait avoir sa feuille dans ce registre.

(1) *Thémis*, t. V, p. 173.
(2) Voir aussi une brochure de M. Mongalvy « *Sur les moyens de mettre à l'abri de tout recours les acquéreurs d'immeubles* (1831). »

En 1841, le garde des sceaux, M. Martin (du Nord), consulta sur la réforme du régime hypothécaire les cours et les facultés de droit. Toutes les facultés (1) et toutes les cours, sauf deux, se prononcèrent en faveur du rétablissement de la transcription. Un projet de loi fut rédigé : les réformes qu'il contenait ne portaient que sur des points secondaires. La Révolution de 1848 l'empêcha d'aboutir.

En 1849, M. Pougeard présenta un projet de loi destiné à remplacer le titre des hypothèques. Il demandait notamment la publicité pour toutes les mutations de propriété. Une commission fut nommée pour examiner ce projet et choisit pour rapporteur M. de Vatimesnil, dont le rapport, déposé le 25 avril 1850, concluait également au rétablissement de la transcription. Enfin un projet présenté par le garde des sceaux, M. Rouher, était conçu dans le même sens. Les deux premières délibérations eurent lieu en 1850; la troisième, qui devait avoir lieu en juillet 1851, fut ajournée, puis survint le coup d'Etat du 2 décembre qui empêcha la discussion d'aboutir.

Le projet exposé par M. de Vatimesnil (2) contenait des réformes importantes : suppression de l'hypothèque judiciaire, spécialité et publicité des hypothèques légales, nécessité de la transcription pour le transfert de la propriété à l'égard des tiers.

Cette tentative de réforme ayant échoué, le système établi par le Code civil et le Code de procédure subsistait avec tous ses inconvénients. Depuis 1851, il a été souvent question d'une refonte du régime hypothécaire; mais cette

(1) Voir notamment le rapport de M. Valette au nom de la faculté de Paris.
(2) Voir l'étude critique de M. Wolowski sur le rapport de M. de Vatimesnil. *Revue Wolowski*, 1850, t. III.

réforme complète est encore à faire. Du moins quelques-unes des modifications proposées en 1850 ont-elles été réalisées et ont-elles fait disparaître les inconvénients les plus graves du système antérieur. La loi du 23 mars 1855, en rendant la transcription nécessaire pour le transfert de la propriété à l'égard des tiers, a reconstitué le système de publicité établi par la loi de l'an VII.

C'est en nous plaçant sous l'empire de la loi de 1855 que nous devons maintenant étudier les règles de la publicité des hypothèques au point de vue du droit de suite. Cette loi doit être combinée avec les dispositions du Code civil. Les articles 834 et 835 du Code de procédure sont abrogés (art. 6 *in fine*). Pour les donations et les substitutions, la transcription subsiste (art. 11, dernier alinéa) telle qu'elle est organisée par le Code : nous n'aurons donc pas à revenir sur cette matière, le rôle de la transcription étant le même au point de vue de l'exercice du droit de suite, qu'il s'agisse d'aliénation à titre gratuit ou à titre onéreux.

L'article 2166 reste le point de départ du système de publicité du droit de suite. Pour exercer le droit de suite, aussi bien que le droit de préférence, il faut avoir un privilège inscrit ou une hypothèque inscrite : la formalité de l'inscription n'est pas une condition spéciale à l'exercice du droit de suite. Le principe de la publicité est le même, quelles que soient les personnes auxquelles le droit hypothécaire est opposé. Que le créancier inscrit ait en face de lui d'autres créanciers hypothécaires ou un tiers acquéreur, c'est toujours la règle « *Prior tempore, potior jure* » qui s'applique. C'est celui qui a le premier donné à son droit la publicité exigée par la loi qui est préféré. Il n'y a de différence que dans la manière dont la priorité est éta-

blie : dans le premier cas, lorsqu'il s'agit du droit de préférence, il faut la priorité d'une inscription sur une autre ;
dans le second, lorsqu'il s'agit du droit de suite, il faut,
d'après la loi de 1855, la priorité de l'inscription sur l'acte
de publicité qui rend le droit de l'acquéreur opposable à
tous, c'est-à-dire sur la transcription. Ainsi la loi de 1855
a rétabli l'égalité entre les divers ayants cause d'une
même personne, entre les créanciers hypothécaires et les
acquéreurs.

D'après l'art. 3, jusqu'à la transcription, les droits résultant des actes et jugements soumis à cette formalité ne
peuvent être opposés aux tiers qui ont des droits sur l'immeuble et qui les ont conservés en se conformant aux lois.
Les termes de cet article sont un peu vagues. D'abord il
est certain que les mots « *jusqu'à la transcription* » doivent s'entendre comme s'il y avait « s'ils n'ont été antérieurement transcrits. » Cela résulte du but même de la
transcription, but qui est assez clairement indiqué par les
précédents et par les travaux préparatoires. Une transcription tardive ne pourrait certainement pas être opposée
rétroactivement aux tiers dont le droit aurait été conso-
lidé par la publicité.

Que faut-il entendre dans l'article 3 par *tiers ?* Que
signifient ces mots « *en se conformant aux lois ?* » Le sens
du texte s'explique facilement si l'on se reporte à l'art. 26
de la loi du 11 brumaire an VII, dont l'art. 3 de la loi de
1855 ne fait que reproduire la disposition : « Jusque-là ils
ne peuvent être opposés aux tiers qui auraient contracté
avec le vendeur et qui se seraient conformés aux dispositions de la présente, » c'est-à-dire qui auraient accompli
les formalités de publicité, qui auraient pris inscription. Il
est certain que les créanciers hypothécaires du vendeur

sont au nombre de ces tiers. Tout le monde est d'accord sur ce point : ce n'est donc pas ici le lieu d'entrer dans les discussions qui se sont élevées sur le point de savoir quelles personnes sont comprises sous cette dénomination de tiers. Disons seulement que, selon nous, ce sont les ayants cause à titre particulier du vendeur ou d'un précédent propriétaire qui ont acquis un droit sur l'immeuble et l'ont conservé en lui donnant la publicité prescrite par la loi (1).

Il résulte *a contrario* de l'art. 3 qu'à partir de la transcription, c'est-à-dire pourvu que ces actes aient été transcrits, les droits résultant des actes énumérés par la loi peuvent être opposés aux tiers, alors même que ceux-ci se conformeraient à leur tour aux règles de la publicité, et spécialement aux créanciers qui inscriraient postérieurement un privilège ou une hypothèque. L'art. 6 de la loi de 1855 leur fait l'application de cette conséquence de l'art. 3 : « A partir de la transcription, les créanciers privilégiés ou ayant hypothèque, aux termes des art. 2123, 2127 et 2128 du Code civil, ne peuvent prendre utilement inscription sur le précédent propriétaire. » Les actes qui transfèrent entre vifs la propriété ou l'affectent de droits réels qui en modifient sensiblement la valeur, n'ont d'effet à l'égard de tous que par la publicité; tant qu'ils n'ont pas été publiés, ils n'existent pas à l'égard des tiers et par conséquent ne peuvent leur nuire. Ainsi toute personne qui acquiert un droit sur un immeuble ne peut se voir

---

(1) Remarquons que pour quelques-uns d'entre eux, les créanciers ayant une hypothèque dispensée d'inscription, le législateur considère que la publicité de l'hypothèque résulte suffisamment du fait même qui lui donne naissance : ces créanciers pourront évidemment opposer le défaut de transcription quoique leur hypothèque ne soit pas inscrite.

opposer un autre droit constitué sur ce même immeuble, si l'existence ne lui en a été révélée par les registres du conservateur des hypothèques, pourvu qu'elle-même ait accompli les formalités de publicité exigées par la loi. Avec ce système, si l'on est suffisamment diligent, on n'est, théoriquement du moins, exposé à aucune surprise. Toutefois, en pratique, on peut se demander si les registres du conservateur des hypothèques constituent une publicité complétement satisfaisante. Nous examinerons plus loin les critiques qu'on a adressées à ce régime. Nous devons maintenant étudier les applications, dans la matière du droit de suite, du principe posé dans l'article 3 de la loi de 1855. Il faudra distinguer le cas où le droit de suite est exercé par le créancier auquel l'hypothèque a été constituée et celui où il est exercé par un cessionnaire.

SECTION PREMIÈRE

LE DROIT DE SUITE EST EXERCÉ PAR LE CRÉANCIER AUQUEL L'HYPOTHÈQUE A ÉTÉ CONSTITUÉE.

Le créancier hypothécaire rentre évidemment, avons-nous dit, dans la catégorie des tiers désignés par la partie finale de l'article 3, premier alinéa ; l'article 6 ne laisse aucun doute sur ce point : la transcription seule dessaisira à son égard le propriétaire avec lequel il a traité et mettra ainsi fin au délai dans lequel il peut s'inscrire utilement. A quelles aliénations d'une part, à quelles inscriptions d'autre part cette règle est-elle applicable ?

§ 1er.

Aliénations régies par la loi du 23 mars 1855.

L'article 3 indique quels modes d'aliénation, quelles constitutions de droits réels sont soumis à la transcription : « Les droits résultant des actes et jugements énoncés aux articles précédents...» L'énumération contenue dans ces articles commence par les mots : « Tout acte *entre vifs*...» Par conséquent le transfert de la propriété à cause de mort s'accomplit à l'égard de tous sans transcription. Par le seul fait du décès, l'héritier devient propriétaire et dès ce moment il ne peut plus être pris d'inscription sur le défunt. En matière de succession *ab intestat* ou de legs universel ou à titre universel, cela n'a pas d'inconvénient, car l'héritier étant tenu des obligations de son auteur, celui qui pouvait prendre une inscription du chef du défunt pourra la prendre du chef de l'héritier qui est devenu son débiteur. Si la succession est acceptée sous bénéfice d'inventaire, il ne peut être question de droit de suite, le bénéfice d'inventaire produisant une séparation de patrimoines. Les biens du défunt restent affectés à ses créanciers, il n'y a pas à leur égard de transfert de propriété. L'inscription n'aurait d'utilité dans ce cas qu'au point de vue du droit de préférence : mais l'article 2146 rend dans cette hypothèse l'inscription impossible à partir de l'ouverture de la succession. Il faut assimiler au cas d'acceptation sous bénéfice d'inventaire celui où la succession reste vacante. (C., art. 814.)

Lorsque l'immeuble sur lequel une hypothèque a été consentie est l'objet d'un legs à titre particulier, la propriété en est transférée au légataire au moment du décès du testateur, en dehors de toute formalité : la transcription n'est pas prescrite pour les testaments. Si donc le créancier prend inscription après le décès au nom du *de cujus*, ou au nom de l'héritier du sang, cette inscription est inefficace. Ii y a là un danger sérieux, car le legs ne se révèle au tiers d'aucune façon : le créancier hypothécaire est ainsi exposé à une éviction contre laquelle il n'a aucun moyen de se prémunir. On ne s'explique guère pourquoi la loi de 1855 dispense le légataire de la transcription qu'elle impose aux acquéreurs entre vifs. On a mis en avant le respect dû à la vieille maxime : « *Le mort saisit le vif ;* » on a invoqué l'intérêt des légataires et la nécessité d'assurer l'efficacité des dernières volontés du défunt : les légataires, a-t-on dit, ignoreront souvent le décès, il pourra se passer un certain temps avant qu'ils soient à même de remplir les formalités de la transcription ; pendant ce temps, il dépendra des héritiers du sang, de ceux mêmes que le testateur a voulu déshériter, de dépouiller les légataires par des aliénations ou des constitutions de droit réel qui leur seraient opposables, étant antérieures à la transcription.

Mais il est évident que l'on ne peut tirer argument de l'adage « Le mort saisit le vif : » si ancienne que soit une maxime, elle ne doit pas prévaloir contre l'intérêt social, la justice et le bon sens réunis. Quant à l'autre raison qu'on invoque, elle n'est que spécieuse : d'abord, dût-on sacrifier l'intérêt des légataires, cela vaudrait mieux que de leur sacrifier l'intérêt général. On admet bien que, lorsqu'il s'agit d'un legs mobilier, le tiers possesseur de bonne foi de la chose léguée est protégé contre le légataire par l'article 2279 : il n'y aurait rien de monstrueux à appliquer une règle semblable aux immeubles ; ce serait d'autant plus juste que nous supposons que l'acquéreur aurait accompli les formalités de publicité prescrites par la loi. Mais il eût été facile de concilier les intérêts des légataires et ceux des tiers. Il eût suffi, en obligeant les légataires à transcrire, de leur donner pour cela un délai pendant lequel les actes de l'héritier ne leur eussent point été opposables. Les tiers qui auraient contracté avec l'héritier pendant ce délai auraient pris leurs précautions (1).

Enfin les actes de partage échappent également à la transcription (art. 1er, § 4). Cela se justifie par l'effet déclaratif du partage : chacun des copartageants est censé avoir acquis directement du défunt et au moment de l'ouverture de la succession, la part qui lui est attribuée ; par conséquent, les droits constitués sur un immeuble par un des communistes ne sont pas opposables après le partage à celui des autres copartageants auquel cet immeuble est échu. Mais cet effet déclaratif du partage n'est qu'une fiction : en réalité, il peut parfaitement arriver qu'un créancier se fasse constituer pendant l'indivision une hypothèque sur un immeuble indivis, en se réservant d'intervenir au partage, ainsi que la loi lui en donne le droit (art. 882), pour faire placer cet immeuble dans le lot de son débiteur. Si le partage a lieu à son insu, non-seulement il ne pourra pas y intervenir, mais il sera exposé à prendre au nom de son débiteur une inscription sur un bien appartenant par suite du partage à un autre copartageant, inscription qui se trouverait par conséquent inefficace.

Arrivons aux actes entre vifs. L'article 1er de la loi de 1855 soumet à la transcription :

---

(1) Mourlon, *Tr. de la transcription*, I, p. 6 et suiv.

1° Tout acte entre vifs, translatif de propriété immobilière ou de droits réels susceptibles d'hypothèques ;

2° Tout acte portant renonciation à ces mêmes droits;

3° Tout jugement qui déclare l'existence d'une convention verbale de la nature ci-dessus exprimée;

4° Tout jugement d'adjudication autre que celui rendu sur licitation au profit d'un cohéritier ou d'un copartageant.

Cette énumération comprend en somme tous les écrits qui constatent une aliénation entre vifs d'un bien susceptible d'hypothèque. Toutefois la loi de 1855 laisse subsister les dispositions du Code civil relatives à la transcription des donations (art. 11, § dernier). Il n'y a plus de distinction entre les aliénations forcées et les aliénations volontaires, le § 4 soumettant à la transcription le jugement d'adjudication. En cela la loi de 1855 a une portée plus grande que l'article 834 du Code de procédure.

La loi de 1855 régit-elle les jugements d'expropriation pour cause d'utilité publique? On a vu que la loi du 3 mai 1841 reproduisait dans son article 17 la disposition de l'article 834 du Code de procédure civile, en donnant aux créanciers un délai de quinze jours pour s'inscrire à partir de la transcription du jugement d'expropriation. La loi de 1855 a abrogé l'article 834 du Code de procédure. Des auteurs en ont conclu qu'elle abrogeait par là implicitement l'article 17 de la loi du 3 mai 1841, qui ne faisait qu'étendre l'application des dispositions du Code de procédure en assimilant l'expropriation pour cause d'utilité publique aux aliénations volontaires.

Cette solution ne nous paraît pas admissible (1). La loi

(1) Voir Rivière et Huguet, *Questions sur la transcription*, n° 353. — Mourlon, *Transcription*, n° 83, 1er vol., p. 210 et s.

de 1855 abroge explicitement les articles 834 et 835 du
Code de procédure, mais elle ne parle pas de l'article 17
de la loi du 3 mai 1841. On prétend que ce dernier texte,
ne faisant que reproduire les dispositions du Code de procédure, a été abrogé du même coup. Mais l'article 17 n'est
pas la reproduction littérale des articles 834 et 835. Le
Code de procédure donne une grande utilité à la transcription, en en faisant le point de départ du délai de
quinzaine pendant lequel les créanciers peuvent inscrire
leur hypothèque, mais il ne l'impose pas ; au contraire,
la loi du 3 mai 1841 rend obligatoire la transcription du
jugement d'expropriation : il y a donc entre les deux dispositions une différence essentielle, et l'on ne peut dire
par conséquent que l'abrogation de l'une ait entraîné l'a-
brogation de l'autre.

D'ailleurs il est impossible de soumettre le jugement
d'expropriation pour cause d'utilité publique à la loi de
1855. La règle édictée par l'article 6 de la loi de 1855 repose sur ce principe que l'acte qui a pour effet de dépouiller le propriétaire à l'égard des tiers s'oppose à la
prise d'inscriptions du chef de celui-ci ; à partir de ce moment l'hypothèque serait constituée *a non domino*. Il y a
un certain nombre d'actes qui ne transfèrent pas par eux-
mêmes la propriété à l'égard de tous, qui ne dessaisissent le
propriétaire à l'égard des tiers que par la transcription
qui en est faite conformément à la loi de 1855. Ces actes
sont énumérés par les articles 1 et 2, et cette énumération est évidemment limitative. Or le jugement d'expropriation n'y est pas compris : l'article 1er ne vise pas d'autres jugements que les jugements d'adjudication. Le jugement d'expropriation transfère donc par lui-même la
propriété, indépendamment de toute transcription : la loi

de 1855 ne s'y applique pas. Ainsi l'article 17 de la loi du 3 mai 1841 reste en vigueur : en matière d'expropriation pour cause d'utilité publique, on ne peut dire que la transcription mette obstacle à la prise d'inscriptions; les créanciers ayant une hypothèque ou un privilège immobilier pourront encore l'inscrire pendant la quinzaine qui suivra la transcription du jugement.

L'article 1er soumet à la transcription les actes translatifs de droits réels susceptibles d'hypothèques (1), c'est-à-dire les actes constitutifs d'usufruit et, d'après certains auteurs, d'emphytéose. Ces droits ne seront opposables au créancier hypothécaire que si les actes qui les ont constitués ont été transcrits avant l'inscription de son hypothèque.

L'article 1er-2° soumet à la transcription les actes portant renonciation aux droits énoncés au 1° (2). La renonciation produit à l'égard des tiers le même effet qu'une aliénation : elle dessaisit le propriétaire dont elle émane, mais seulement à la condition d'être transcrite : ce n'est qu'à partir de la transcription qu'elle fera obstacle à la prise d'une inscription hypothécaire du chef du renonçant sur le droit qu'elle atteint.

L'article 2 de la loi de 1855 soumet à la transcription :

1° Tout acte constitutif d'antichrèse, de servitude, d'usage et d'habitation (3) ;

2° Tout acte portant renonciation à ces mêmes droits ;

3° Tout jugement qui en déclare l'existence en vertu d'une convention verbale;

---

(1) Voir Flandin, *Transcription*, nos 350 et s. — Mourlon, *Transcription*, n° 19 et s., 1er vol., p. 36.

(2) Flandin, *ibid.*, nos 435 et s. — Mourlon, *ibid.*, nos 120 et s., p. 315.

(3) Flandin, *ibid.*, nos 396 et s. — Mourlon, *ibid.*, ch. 1er, s-n 2, p. 259.

4° Les baux d'une durée de plus de 18 années (1) ;

5° Tout acte ou jugement constatant, même pour bail de moindre durée, quittance ou cession d'une somme équivalente à trois années de loyers ou fermages non échus (2).

Les tiers ont intérêt à connaître tous ces actes qui diminuent notablement la valeur de l'immeuble. Aussi la loi veut-elle qu'ils ne leur soient opposables que s'ils ont reçu la publicité nécessaire. Jusqu'à ce qu'ils soient transcrits, les droits qu'ils constatent ne pourront être opposés au créancier qui aura inscrit une hypothèque sur l'immeuble grevé du droit réel ou objet du bail.

Ainsi, pour tous les actes énumérés dans les articles 1 et 2, c'est la transcription qui met obstacle à la prise d'une inscription utile, c'est-à-dire d'une inscription permettant d'exercer le droit de suite à l'encontre des droits que ces actes constatent.

Le législateur de 1855 a omis dans son énumération une catégorie d'actes entre vifs emportant mutation de propriété immobilière : ce sont les jugements portant résolution, rescision ou nullité des actes translatifs de propriété. C'est une lacune fâcheuse : ces jugements entraînent un nouveau transfert de propriété que les tiers auraient intérêt à connaître : il eût fallu les astreindre à la publicité comme les actes d'aliénation ordinaire (3).

---

(1) Flandin, ibid., n°° 493 et s. — Mourlon, ibid., s°° 4.
(2) Flandin, n°° 533 et s. — Mourlon, ibid.
(3) L'art. 4 oblige bien l'avoué à faire opérer la mention du jugement en marge de la transcription de l'acte qu'il atteint. Mais cette prescription n'est sanctionnée que par une amende de 100 fr. infligée à l'avoué négligent. Il eût fallu dire que le défaut de cette mention rendrait la résolution, rescision ou nullité non opposable aux tiers, et que, jusqu'à ce qu'elle fût opérée, les créanciers pourraient s'inscrire utilement sur le propriétaire dont le jugement détruit les droits.

Il faut maintenant nous demander du chef de quelles personnes la transcription fait obstacle à la prise d'inscriptions.

Supposons que *Primus* confère à Titius une hypothèque sur l'immeuble A ; puis il vend cet immeuble à *Secundus* qui ne fait pas transcrire et revend à son tour à Tertius ; celui-ci transcrit. Cette transcription s'opposera-t-elle à l'inscription de l'hypothèque de Titius ? Empêchera-t-elle celui-ci d'exercer le droit de suite contre Tertius ?

On voit tout de suite que s'il en était ainsi la transcription ne remplirait pas son but, qui est de porter les mutations d'immeubles à la connaissance des tiers auxquels elles peuvent préjudicier. En effet, lorsque Titius voudra inscrire son hypothèque, il recherchera si Primus, du chef duquel il va requérir l'inscription, est encore propriétaire, si aucune transcription n'est venue le dessaisir ; il demandera l'état des transcriptions sur Primus. Le conservateur des hypothèques lui délivrera un état négatif, puisque la vente faite par Primus à Secundus n'a pas été transcrite. Titius croira donc que Primus est resté propriétaire ; la transcription faite par Tertius lui restera inconnue, car elle est faite sur le nom de Secundus, et Titius ne connaît ni Secundus, ni Tertius ; il ne connaît que son constituant Primus.

Il n'est donc pas admissible *a priori* qu'une seule transcription fasse obstacle à la prise d'inscription du chef de tous les précédents propriétaires. Une telle solution serait d'ailleurs contraire à la fois au texte de la loi de 1855 et aux principes fondamentaux de la publicité hypothécaire. L'article 6 dit qu'à partir de la transcription les créanciers ne peuvent prendre utilement inscription sur *le précédent* propriétaire. Mais ils pourront encore s'inscrire utilement sur les propriétaires antérieurs non dessaisis par la transcription.

Nous avons déjà dit que le grand principe en matière de publicité c'est qu'un acte, une aliénation dans l'espèce, ne devient opposable aux tiers que par l'accomplissement des formalités destinées à le leur faire connaître : c'est l'acte qui dessaisit le propriétaire à l'égard des tiers qui met obstacle à ce qu'une inscription puisse être prise de son chef. Or la transcription faite par Tertius ne dessaisit pas Primus à l'égard des tiers et notamment des créanciers hypothécaires : ceux-ci pourront donc encore inscrire leur hypothèque et l'opposer à Tertius en vertu du droit de suite. Tertius ne se mettra à l'abri de leur action qu'en faisant transcrire les deux ventes consécutives (1).

§ 2.

A quelles inscriptions la transcription fait-elle obstacle?

Il faut maintenant, pour déterminer la portée de la règle qui nous occupe, nous placer à un autre point de vue et nous demander à quelles inscriptions elle s'applique.

Il est certain qu'elle s'applique aux hypothèques conventionnelles et aux hypothèques judiciaires : l'article 6

---

(1) Il pourrait en être autrement si les transcriptions, au lieu de se faire sur le nom du propriétaire, se faisaient sur l'immeuble lui-même, car alors il suffirait de demander l'état des transcriptions sur un immeuble pour en connaître la situation actuelle. Nous aurons l'occasion de parler plus loin de ce système. — Voir dans le sens de notre opinion Ducruet, *Etudes sur la transcription*, n° 44 ; Lesenne, *Comment. de la loi du 23 mars 1855*, n° 64 ; Fons, *Précis sur la transcr.*, n° 43 ; Mourlon, *Transcription*, n° 447 et s. — *Contra :* Troplong, *Transcription*, n° 166 ; Flandin, n° 883 et s. ; Rivière et François, *Explic. de la loi de 1855*, n° 52 ; Rivière et Huguet, *Questions sur la transcr.*, n° 212 ; Mourlon, *Examen critique du commentaire de M. Troplong*, append., n° 344.

de la loi du 23 mars 1855 les vise formellement en ren-
voyant aux articles 2123 et 2127. Ces hypothèques devront
donc toujours, pour conférer le droit de suite, être inscrites
avant la transcription de l'acte d'aliénation : cela est conforme au principe que le fait qui met obstacle à ce qu'une
personne constitue une hypothèque s'oppose aussi à ce
qu'on s'inscrive utilement de son chef. Cependant, au point
de vue pratique, cette disposition est trop rigoureuse. Sans
doute la transcription avertira le créancier d'une aliénation
antérieure qui aurait dessaisi le débiteur; mais il pourra
arriver que le propriétaire de l'immeuble l'aliène immédiatement après avoir constitué l'hypothèque et que la
vente soit transcrite avant que le créancier ait eu le temps
de prendre inscription (1).

L'article 834 du Code de procédure avait accordé aux
créanciers pour s'inscrire un délai de quinze jours à partir
de la transcription. Mais la loi de 1855 a abrogé cette
disposition. Le prêteur sur hypothèque conventionnelle
aura un moyen de se mettre à l'abri de ce danger d'éviction : il n'aura qu'à stipuler qu'il ne devra verser l'argent
qu'après que son hypothèque aura été inscrite utilement.
Il pourra demander l'état des transcriptions après avoir

(1) Dans le cas où la transcription et l'inscription ont eu lieu le même jour, nous
croyons qu'il faut toujours s'attacher à la priorité de l'une sur l'autre ; cela est
conforme au texte et à l'esprit de la loi, et il ne peut être question d'appliquer ici
par analogie l'art. 2147. Mais on peut se demander comment la priorité sera
constatée, la transcription et l'inscription ayant lieu sur des registres différents :
nous croyons, avec M. Mourlon (*Transcr.*, n° 519), que l'on pourra se reporter
au registre des remises sur lequel les actes à transcrire et bordereaux d'inscriptions
sont mentionnés dans l'ordre où ils sont remis au bureau de la conservation des
hypothèques, ordre qui devra être suivi pour la rédaction des registres définitifs:
(*Sic:* Arras, 1860, *Moniteur des tribunaux*, 1860, p. 469. — *Contra :*
Bagnères, 24 février 1859, *ibid.*, 1860, p. 470.) Sans doute le registre des
remises n'a pas la même force probante que les registres d'inscription, mais ses
indications constitueront une présomption qui en fait ne pourra guère être combattue.

inscrit et s'assurer ainsi qu'aucun acte d'aliénation n'a été transcrit antérieurement à son inscription. Après cette précaution il pourra verser en toute sécurité.

Le créancier à hypothèque judiciaire n'a pas la même ressource; mais il ne peut pas se plaindre, car la loi, en lui accordant l'hypothèque judiciaire, lui fait déjà une faveur qu'il est assez difficile de justifier. Il s'était contenté d'une créance chirographaire, n'avait exigé aucune garantie: il ne doit s'en prendre qu'à lui s'il a mal placé sa confiance. Cependant la loi lui offre le moyen d'acquérir une hypothèque en prenant un jugement. Lui donner encore un délai pour prendre son inscription serait ajouter encore à une faveur qui soulève déjà beaucoup de critiques.

Laissons de côté, quant à présent, les hypothèques légales, dont l'article 6 ne s'occupe pas, pour parler des privilèges immobiliers. L'article 6, §1er, les vise en même temps que les hypothèques judiciaires et conventionnelles. La règle que la transcription met obstacle à toute inscription utile leur est donc applicable. Mais le § 2 contient une disposition spéciale aux deux privilèges les plus importants, celui du vendeur d'immeubles et celui du copartageant. Il leur donne un délai de quarante-cinq jours pendant lequel ils peuvent utilement inscrire leur privilège, nonobstant toute transcription.

Supposons que Primus vende l'immeuble A à Secundus qui revend à Tertius qui transcrit. La transcription faite par Tertius, dessaisissant Secundus, devrait faire obstacle à toute inscription prise sur l'immeuble de son chef. Cependant Primus pourra encore inscrire son privilège, s'il se trouve dans le délai de quarante-cinq jours à partir de la vente qu'il a faite à Secundus. Tertius n'aura pas à se plaindre, car il a dû, pour assurer la propriété sur sa tête, s'assurer que la vente faite par Primus à Secundus a été transcrite, et, si elle ne l'a pas été, la faire transcrire avant son acte d'acquisition : il a donc connu l'époque de la première aliénation ; il sait aussi que le prix en est encore dû à Primus, que, par conséquent, l'immeuble est grevé du privilège de Primus, indépendamment de toute inscription, jusqu'à l'expiration des quarante-cinq jours. Pour éviter des poursuites hypothécaires, il devra donc se garder de verser son prix à Secundus avant cette époque.

Ainsi le vendeur ne peut se voir dépouillé de son privilège par une revente immédiate, la loi lui accorde une garantie que nous regrettions tout à l'heure de voir enlevée au simple créancier hypothécaire. Cette faveur est étendue au privilège du copartageant (1). Mais les autres privilèges restent soumis à la règle générale. Cependant ceux auxquels la loi les accorde sont, eux aussi, dignes d'intérêt, et ils sont, comme les créanciers à hypothèque conventionnelle, exposés à se voir frustrés par une aliénation avant d'avoir pu s'inscrire : la distinction faite dans la loi de 1855 ne se justifie pas.

D'après l'art. 2110, le privilège des architectes et ouvriers se conserve par deux inscriptions : celle du procès-verbal qui constate l'état des lieux et celle du procès-verbal de réception. Ces deux inscriptions devront être antérieures à la transcription de l'acte d'aliénation. L'ar-

___

(1) L'art. 2109 donne au copartageant 60 jours pour inscrire son privilège. Mais cette disposition n'a trait qu'au droit de préférence, comme l'indique la fin de l'art. 2109 « ...durant lequel temps aucune *hypothèque*... etc.,» comparée à celle de l'article 6, § 2 de la loi de 1855 : « ...nonobstant toute *transcription d'actes*... »

ticle 2103-4°. donne six mois pour faire dresser le procés-
verbal de réception ; mais c'est là une concession perfide :
si pendant ce délai l'immeuble est aliéné et la vente transcrite, il sera trop tard pour prendre l'inscription.

D'après l'article 2108, le vendeur conserve son privilége
par la transcription du titre translatif de propriété, à quelque époque qu'elle soit faite. L'art. 6 de la loi de 1855 ne
contredit pas cette disposition qui n'a trait qu'au droit de
préférence, ainsi que l'indiquent les mots « *entre les
créanciers* » placés en tête des dispositions relatives au
mode de conservation des priviléges. L'article 2108 con-
tinue à régir la matière du droit de préférence, l'article 6
de la loi de 1855 s'applique au droit de suite.

D'après un système qui a pour lui des autorités d'une
valeur incontestable, l'article 6 de la loi du 23 mars 1855
aurait restreint les droits reconnus au vendeur par l'article 2108 du Code civil. Le vendeur, d'après cette théorie,
n'a, aux termes de l'article 2108, rien à faire pour conserver
son privilége. Lui imposer une inscription dans les quarante-cinq jours est donc aggraver sa situation.

D'après MM. Pont (1) et Valette (2), le privilége du vendeur serait un droit retenu, un droit que le vendeur con-
serverait sur l'immeuble au moment où il l'aliène. Aucune
publicité ne serait donc nécessaire pour consolider ce
droit : la publicité se comprend pour les actes qui ont
quelque chose de translatif, qui constituent un droit nouveau sur un bien, et c'est en effet pour ces actes que la loi
l'exige ; mais il n'y en a pas besoin pour révéler aux tiers
que le vendeur conserve quelque chose de son droit sur

----

(1) *Hypothèques*, n° 632 et s.
(2) *De l'Effet ordinaire de l'inscription en matière de privilège sur
les immeubles*, 1re partie.

l'immeuble, un privilège jusqu'au paiement du prix : en apprenant la vente, les tiers seront instruits par là même de l'existence du privilège.

Supposons que Primus vende l'immeuble A à Secundus, que Secundus le revende à Tertius. Si la première vente a été transcrite, Tertius, en consultant l'état des transcriptions, apprendra que le prix n'a pas été payé, que Primus a par conséquent encore son privilège. Si la vente n'a pas été transcrite, de deux choses l'une : ou Tertius fera transcrire le titre de son auteur, comme la prudence le lui conseille, et il apprendra ainsi l'existence du privilège comme dans l'hypothèse précédente; ou il ne fera pas transcrire, et alors il ne pourra se plaindre si Primus vient l'évincer en exerçant son privilège, car il n'avait qu'une propriété équivoque et incertaine, il ne devait pas compter sur cette propriété. Ainsi le privilège du vendeur se révèle aux tiers, d'après M. Valette, en même temps que la vente elle-même. Le vendeur n'a rien à faire pour conserver la garantie que la loi lui accorde.

Ce raisonnement ne nous paraît pas admissible. Cette idée d'un droit retenu, qui en est le point de départ, ne repose sur rien. Elle conduirait à dire qu'il y a deux catégories de privilèges ; les uns qui reposent sur la qualité de la créance, les autres sur la rétention d'un droit. Or l'article 2095 ne permet pas cette distinction.

Si le privilège du vendeur n'était un droit retenu, la propriété de l'immeuble ne passerait aux mains de l'acheteur que déduction faite de ce droit ; les ayants cause de l'acheteur ne pourraient par conséquent avoir sur cet immeuble des droits qui préjudicient à celui du vendeur; les créanciers hypothécaires ou privilégiés de l'acheteur ne pourraient jamais être préférés au vendeur : or l'art. 2105 fait passer les privilèges spéciaux sur les immeubles, et notamment celui du vendeur, après les privilèges généraux. Le vendeur peut ainsi se voir primé par un autre créancier privilégié : on ne peut donc dire qu'il ait un droit retenu et qu'il échappe par là à la règle commune de la publicité. L'article 2166 ne fait d'ailleurs aucune distinction.

C'est donc à tort que l'on a prétendu que la loi de 1855 diminuait les droits du vendeur. Sans doute le Code civil lui a prodigué ses faveurs ; il lui a donné des garanties multiples ; mais encore faut-il pour les conserver qu'il se soumette aux conditions imposées à tous ceux qui veulent exercer un droit sur un immeuble. Il est même nécessaire que la loi lui assigne, pour inscrire son privilège, un délai assez bref, afin de ne pas laisser les acquéreurs dans une trop longue incertitude.

Remarquons que l'article 6 de la loi de 1855 et l'article 2166 du Code civil ne font aucune distinction entre les privilèges : par conséquent les privilèges généraux, dispensés d'inscription pour l'exercice du droit de préférence, devront, pour être opposables aux tiers acquéreurs, être inscrits avant la transcription de l'acte d'aliénation (1).

Il nous reste à étudier les conditions de publicité nécessaires à l'exercice du droit de suite en matière d'hypothèques légales. L'article 6 laisse de côté ces hypothèques ; il ne renvoie pas à l'article 2121. En effet la règle établie par la loi de 1855 ne pouvait s'appliquer aux hypothèques dispensées d'inscription. Mais toutes les hypothèques désignées à l'article 2121 ne sont pas dispensées d'inscrip-

---

(1) Voir Flandin, *Transcr.*, n° 1038 et s. — Troplong, *Transcr.*, n° 283. — Mourlon, *Transcr.*, n° 711 (2° vol., p. 391.)

tion. Les hypothèques légales de l'Etat, des communes et des établissements publics ne bénéficient pas de cette faveur. Il semble donc qu'elles devraient rentrer dans la règle générale de l'article 6. Cependant ce texte n'y fait aucune allusion : il est évidemment incomplet, comme l'article 834 du Code de procédure qu'il a remplacé. Le législateur de 1855, ayant sous les yeux l'article 834, n'a pas songé à cette omission, et l'a renouvelée dans le texte nouveau. Cependant on n'hésite pas à faire rentrer les hypothèques légales de l'Etat, des communes et des établissements publics dans la règle générale édictée par l'article 6, l'exception faite pour les autres hypothèques légales ne se justifiant que parce qu'elles sont dispensées d'inscription (1).

Quelles sont donc les règles de la publicité du droit de suite pour les hypothèques des mineurs et des femmes mariées ?

Il est certain que la dispense d'inscription dont elles bénéficient existe au point de vue du droit de suite comme au point de vue du droit de préférence. Le Code civil organise en effet pour ces hypothèques une procédure de purge particulière qui aura pour effet d'en provoquer l'inscription. L'action hypothécaire peut être exercée par les mineurs et les femmes mariées à l'égard de tout détenteur des immeubles soumis à l'hypothèque légale, et indépendamment de toute inscription. Alors même que l'inscription a été prise, conformément aux articles 2136-2139 du Code civil, elle n'influe en rien sur l'hypothèque elle-même : son irrégularité n'empêche pas l'hypothèque de conserver sa valeur ; une inscription prise sur un im-

_____

(1) *Sic:* Flandin, n° 1003. — Mourlon, *Transcr.*, n° 606 (2° vol., p. 269.)

meuble déterminé n'empêche pas l'hypothèque légale d'être générale. Peu importe, par conséquent, l'époque où cette inscription sera opérée.

Ainsi les acquéreurs peuvent toujours craindre qu'il n'existe sur l'immeuble qu'ils acquièrent une hypothèque légale, même lorsque le conservateur des hypothèques leur a délivré un état négatif. C'est là un danger qu'on ne peut méconnaître, mais qui est la conséquence de la protection que la loi accorde aux incapables. On a souvent proposé de soumettre les hypothèques légales à la publicité, comme cela avait lieu sous l'empire de la loi de l'an VII. Ce système a été rejeté : on a pensé qu'en faisant dépendre l'efficacité d'une garantie donnée aux incapables d'une inscription que les maris ou tuteurs auraient intérêt à ne pas requérir, on rendrait cette garantie illusoire. On a préféré sacrifier l'intérêt des tiers. D'ailleurs, le plus souvent, il leur sera facile de savoir si un immeuble est grevé d'hypothèque légale. Les faits qui donnent naissance à ces hypothèques, le mariage ou la tutelle, sont généralement notoires : un créancier diligent devra toujours s'informer de l'état civil de son débiteur, et ainsi il lui sera facile de savoir s'il existe sur ses biens une hypothèque légale. Lorsque le mariage ou la tutelle ont cessé, l'inscription devient obligatoire (loi de 1855, art. 8) et doit être prise dans l'année. Ce délai expiré, la règle générale reprend son empire : la transcription fait obstacle à la prise d'une inscription conférant le droit de suite.

Lorsque les hypothèques des mineurs et des femmes mariées ne sont pas inscrites, les tiers qui sont sous le coup de l'exercice du droit de suite peuvent, s'ils veulent procéder à la purge, provoquer leur inscription. Ils suivront pour cela la procédure tracée par l'article 2195, qui consiste à déposer au greffe du tribunal de la situation des biens une copie collationnée de leur titre d'acquisition et à notifier ce dépôt à la femme de leur vendeur ou au subrogé tuteur des mineurs ayant hypothèque légale sur l'immeuble et au procureur de la République. Un extrait du contrat doit en outre être affiché dans l'auditoire du tribunal pendant deux mois. Les hypothèques légales devront être inscrites pendant ce même délai de deux mois, à l'expiration duquel l'immeuble sera purgé de toutes charges provenant de la tutelle ou du mariage.

Ainsi, en matière d'hypothèques légales, la publicité ne devient nécessaire pour l'exercice du droit de suite que quand le mariage ou la tutelle ont cessé, ou quand l'acquéreur a fait les notifications prescrites par l'article 2195 comme préliminaires de la purge. Dans ce dernier cas, c'est l'expiration du délai de deux mois qui met fin au droit de prendre inscription.

SECTION II.

LE DROIT DE SUITE EST EXERCÉ PAR UN CESSIONNAIRE DE L'HYPOTHÈQUE.

Nous avons supposé jusqu'ici que le droit de suite était exercé par le créancier auquel l'hypothèque avait été constituée. Mais il peut arriver que ce créancier ait cédé son hypothèque à un tiers ou y ait renoncé en faveur d'un tiers et que celui-ci veuille exercer le droit de suite contre un acquéreur. A quelles conditions pourra-t-il le faire ?

Nous devrons d'abord distinguer selon qu'il s'agit d'hypothèques soumises à l'inscription ou de l'hypothèque légale de la femme mariée.

Le créancier hypothécaire peut céder son hypothèque à un tiers : cette opération s'appelle subrogation. Il peut renoncer à une hypothèque en faveur d'un tiers : si la renonciation est faite en faveur d'un autre créancier hypothécaire, c'est une renonciation translative qui équivaut à une subrogation, à moins qu'il n'y ait qu'une cession d'antériorité ; si elle est faite en faveur d'un acquéreur, elle est simplement abdicative et se réduit à l'abandon du droit de suite.

Supposons une subrogation faite par un créancier ayant une hypothèque sujette à inscription. Si cette hypothèque n'a pas été inscrite, le subrogé devra évidemment, pour pouvoir l'exercer contre un tiers acquéreur, la faire inscrire avant la transcription de l'acte d'aliénation ; il est, à ce point de vue, dans la même situation que le créancier primitif.

Si l'hypothèque était inscrite avant la subrogation, le subrogé n'aura aucune formalité de publicité à remplir : peu importe à l'acquéreur que le droit de suite soit exercé par une personne ou par une autre (1). Le législateur ne s'est pas occupé de cette hypothèse.

Supposons maintenant, hypothèse qui se présentera d'ailleurs rarement en matière d'hypothèque conventionnelle, que le créancier, au lieu de subroger un tiers à son hypothèque, a simplement renoncé au droit de suite en faveur d'un acquéreur de l'immeuble. Il est certain d'abord qu'il ne pourra plus exercer le droit de suite : il est lié par

(1) La subrogation peut cependant entraîner une charge pour l'acquéreur : si le subrogé a fait mentionner la subrogation en marge de l'inscription primitive, l'acquéreur devra, s'il veut purger, lui faire les notifications prescrites par l'art. 2183. Mais cette mention n'est pas indispensable et son absence n'entraîne aucune déchéance pour le subrogé : on ne peut donc appliquer à cette formalité les règles générales de la publicité que nous avons étudiées ci-dessus.

sa renonciation. Pour obtenir ce résultat, l'acquéreur n'a évidemment besoin de remplir aucune formalité. Mais on peut concevoir que le créancier, Titius, après avoir renoncé au droit de suite en faveur de Primus, acquéreur de l'immeuble, ne fasse pas radier l'inscription et plus tard subroge une autre personne, Secundus, à son hypothèque. Cette subrogation serait sans effet à l'égard de l'acquéreur, qui opposerait au subrogé, dans le cas où celui-ci voudrait exercer le droit de suite, la renonciation faite en sa faveur. Si on appliquait ici les règles générales de la publicité, il faudrait dire que la renonciation faite en faveur de Primus, n'ayant pas été publiée, ne doit pas être opposable aux tiers, et notamment à un créancier subrogé tel que Secundus, à condition que celui-ci ait accompli lui-même les formalités de publicité exigées. Mais la loi n'exige aucune publicité pour les subrogations ou renonciations portant sur les hypothèques soumises à l'inscription. Les subrogations d'hypothèques conventionnelles offrent donc toujours quelque danger.

Il faudrait donner une solution analogue dans l'hypothèse inverse, qui ne se présentera guère non plus dans la pratique, celle où le créancier primitif, après avoir consenti une subrogation à Primus, renoncerait au droit de suite en faveur de Secundus, acquéreur de l'immeuble : la renonciation ne serait pas opposable à Primus, car le créancier primitif ne pouvait plus renoncer en faveur de Secundus à une hypothèque dont il s'était dépouillé (1). Secundus resterait donc exposé à des poursuites hypothécaires malgré la renonciation qu'il aurait obtenue.

Le danger serait évité dans le cas où la subrogation

(1) Aubry et Rau, t. III, p. 159, § 288.

aurait été mentionnée en marge de l'inscription primitive. Le créancier subrogé a intérêt à faire cette mention afin que le subrogeant ne puisse donner mainlevée de son inscription. Si cette mention existe, l'acquéreur auquel on offrira de renoncer en sa faveur à l'exercice du droit de suite sera averti du danger qu'il court, car il ne manquera pas de demander l'état des inscriptions sur l'immeuble qu'il veut acquérir.

Arrivons à l'hypothèque légale de le femme mariée. Les subrogations ou renonciations à l'hypothèque légale consenties par les femmes sont très fréquentes. Avant la loi de 1855 la pratique les avait déjà consacrées. Le législateur est intervenu pour soumettre ces actes à la publicité.

L'article 9 de la loi du 23 mars 1855 exige pour les cessions ou renonciations portant sur l'hypothèque légale dé la femme l'authenticité et la prise d'une inscription au profit du cessionnaire ou la mention de la subrogation en marge de l'inscription préexistante. Ce n'est que par l'accomplissement de cette formalité de publicité que ces actes deviennent opposables aux tiers (1).

Nous devons distinguer plusieurs hypothèses :

1° La femme a subrogé un créancier à son hypothèque légale sur un immeuble de son mari ; cet immeuble est ensuite vendu et le créancier subrogé veut exercer le droit de suite contre l'acquéreur.

Si l'hypothèque n'était pas encore inscrite, le seul mode

(1) Le mot *tiers* a ici le même sens que dans l'art. 3. Les tiers sont les autres ayants cause de la femme qui ont acquis des droits sur le même bien, c'est-à-dire sur l'hypothèque légale, et les ont publiés : l'art. 9 les désigne bien par ces mots : « Les dates des inscriptions ou mentions déterminent l'ordre dans lequel *ceux qui ont obtenu des cessions ou renonciations* exercent les droits hypothécaires de la femme. »

de publicité possible sera une inscription prise par le subrogé à son profit. Il est évident que faute d'inscription le subrogé ne pourrait pas plus agir contre le tiers acqué-reur que le créancier primitif lui-même. Pour qu'il puisse exercer le droit de suite à l'égard d'un acquéreur ordi-naire, il faudra qu'il ait pris son inscription avant la transcription de l'acte d'aliénation ; il n'y a pas de diffi-culté, dans ce cas, où le créancier subrogé est à l'égard de l'acquéreur dans la même situation qu'un créancier hypothécaire quelconque. Mais supposons que la femme soit intervenue dans l'aliénation de l'immeuble et ait renoncé au droit de suite en faveur de l'acquéreur. Selon la règle générale, nous dirons encore qu'il faut que le subrogé ait pris inscription avant que la renonciation lui soit opposable. En effet, aux termes de l'art. 9, c'est l'inscription seule qui saisit le subrogé à l'égard des tiers ; or, dans cette hypothèse, l'acquéreur est un tiers ; c'est bien un ayant cause à titre particulier de la femme, puis-qu'il a obtenu d'elle une renonciation à l'hypothèque légale ; donc, jusqu'à ce qu'elle soit inscrite, la subro-gation n'existe pas à son égard et la femme a pu valable-ment renoncer en sa faveur à son hypothèque. Le subrogé ne pourra donc exercer le droit de suite qu'à la condition d'avoir pris inscription avant le moment où la renon-ciation, faite par la femme en faveur de l'acquéreur, deviendra opposable à tous. Mais quel sera ce moment ? Sera-ce celui de la transcription de l'acte d'aliénation ? ou faudra-t-il que la renonciation consentie par la femme soit l'objet d'une publicité spéciale, identique à celle de la subrogation et conforme aux prescriptions de l'ar-ticle 9 de la loi de 1855 ? Nous étudierons plus loin cette question.

Si l'hypothèque légale était déjà inscrite au moment de la subrogation, le subrogé n'a, aux termes de l'article 9, qu'à mentionner la subrogation en marge de cette inscription. Cette mention produira les mêmes effets que l'inscription dans l'hypothèse précédente. D'ailleurs on admet généralement que le créancier subrogé pourrait aussi prendre directement inscription à son profit : la publicité serait, en effet, aussi efficace dans un cas que dans l'autre, car dans les états délivrés par le conservateur des hypothèques, l'inscription prise par le subrogé devrait se trouver à la suite de celle prise au profit de la femme.

Remarquons que le subrogé pourrait agir sans avoir rempli aucune formalité de publicité contre le simple tiers acquéreur qui n'aurait pas obtenu une renonciation à l'hypothèque légale. En effet, la publicité n'est nécessaire que pour saisir le subrogé à l'égard des tiers ; or, dans la loi de 1855, le mot *tiers* désigne les ayants cause à titre particulier du vendeur ou du cédant, c'est-à-dire, dans notre hypothèse, de la femme, et l'acquéreur ordinaire n'est qu'un ayant cause du mari ; à son égard, l'inscription prise par le subrogé ne produit aucun effet. Peu lui importe que la subrogation soit publiée ou qu'elle ne le soit pas, elle ne peut ni lui profiter ni lui nuire, car il lui est indifférent que le droit de suite soit exercé par la femme ou par le subrogé.

2° La femme a renoncé à son hypothèque légale en faveur d'un acquéreur d'un immeuble du mari. Il est certain d'abord que cette renonciation s'oppose, en dehors de toute condition de publicité, à ce que la femme exerce le droit de suite sur cet immeuble. Mais elle conserve un droit de préférence sur le prix. Pourrait-elle, pour consolider ce droit, prendre inscription postérieurement à la

9

renonciation? Cette inscription ne pourrait préjudicier à
l'acquéreur, puisqu'elle n'aurait d'effet qu'au point de vue
du droit de préférence. Cependant nous ne croyons pas
que cela soit possible : prendre inscription sur un immeuble vendu, c'est suivre cet immeuble, ce qu'on ne peut
faire si on a renoncé au droit de suite. La renonciation
mettra fin pour la femme au droit de prendre inscription
sur l'immeuble ; elle aura le même effet que l'expiration
des délais de l'article 2195 en cas de purge.

Supposons que la femme renonce à son hypothèque
légale en faveur de Primus, acquéreur d'un immeuble du
mari, puis que postérieurement elle subroge un créancier.
Secundus a son hypothèque sur ce même immeuble. Aux
termes de l'article 9, les subrogations ou renonciations à
l'hypothèque légale de la femme ne deviennent opposables
aux tiers que pour l'accomplissement des formalités de
publicité établies par ce même article. Secundus est, à
l'égard de Primus, un tiers dans le sens de la loi de 1855.
Si la renonciation consentie à Primus lui est opposable, la
subrogation qu'il a obtenue sera évidemment sans effet.
Il est donc important de savoir si l'article 9 est applicable
à cette hypothèse, si la renonciation à l'hypothèque légale
en faveur d'un acquéreur doit, pour être opposable aux
tiers, avoir été l'objet d'une publicité spéciale. On a vu
que la même question se posait dans l'hypothèse où la
subrogation est antérieure à la renonciation.

La plupart des auteurs exigent pour cette renonciation
la publicité prescrite par l'article 9 (1). L'acquéreur devra

___

(1) *Sic:* Bertauld, *Subrogation à l'hypothèque légale,* n° 99; — Verdier,
Traité de la transcription, n°° 661 et 662; — Garnier, *De la subrogation à
l'hypothèque légale de la femme,* n°° 349, 350; — Rivière et Huguet,
Questions sur la transcription, n° 391. — Aubry et Rau, t. III, p. 468,
§ 288 *bis,* et note 18, etc. — *Contra:* Mourlon, *Transcription,* t. II, p. 1105
et 1106; — Pont, *Hypothèques,* t. I, n° 486.

toujours prendre inscription ou faire mentionner la renonciation en marge de l'inscription existante. La transcription de l'acte de vente ne le mettrait pas à l'abri contre les créanciers postérieurement subrogés à l'hypothèque légale.

Cette doctrine se fonde sur le texte de l'article 9, qui est très large dans ses termes et vise les renonciations comme les subrogations ; elle prétend aussi s'appuyer sur les motifs de la loi ; si la renonciation n'est pas rendue publique, dit-elle, les tiers pourront se trouver victimes de subrogations frauduleuses : la femme se donnera un crédit imaginaire en faisant croire qu'elle a conservé son hypothèque légale sur un immeuble alors qu'elle y aura renoncé. La transcription du contrat de vente n'est pas pour les tiers une mesure de publicité suffisante ; la transcription est la copie littérale de l'acte de vente qui peut contenir un grand nombre de clauses ; il serait difficile aux intéressés d'y démêler celle qui est relative à la renonciation de la femme.

Un arrêt de la Cour de Lyon, en date du 22 décembre 1863, confirmé par la Chambre des requêtes de la Cour de cassation, le 29 août 1866 (D., 1804, li, 196, et 1867, I, 49 ; Sir., 1867, I, 9), a été invoqué à l'appui de ce système. Mais dans l'espèce sur laquelle statuait cet arrêt, l'acquéreur demandait à exercer, au moyen d'une collocation en sous ordre, le droit hypothécaire de la femme colloquée en premier ordre ; c'est là du moins ce que l'arrêt décidait en fait. Dans ces conditions on devait considérer que la renonciation dont l'acquéreur se prévalait était transmissible et la soumettre par conséquent à la publicité prescrite par l'article 9 ; ce n'était plus une simple renonciation au droit de suite, mais une véritable subrogation. La question qui nous occupe n'était donc pas tranchée.

Quoi qu'il en soit, l'arrêt de la Cour de Lyon causa une grande émotion. On n'y vit qu'une chose, c'est qu'une renonciation à l'hypothèque légale en faveur d'un acqué- reur était dénuée d'effet faute d'avoir été inscrite. En fait, les acquéreurs d'immeubles sujets à l'hypothèque légale de la femme n'avaient pas songé à inscrire sur ces imr ᵇ- bles des hypothèques auxquelles on renonçait en ᵗᵉ·ᵗ faveur. Allaient-ils se trouver exposés à l'action hypothé- caire des créanciers subrogés? Pour l'avenir, les acqué- reurs allaient-ils être dans la nécessité de prendre inscrip- tion sur leurs propres immeubles ou de purger une hypothèque pour laquelle ils auraient obtenu une renon- ciation? Si l'article 9 était appliqué aux simples renoncia- tions abdicatives, il fallait les soumettre aussi à la règle de l'authenticité : en fait, toutes les ventes d'immeubles passées par un mari devraient donc à l'avenir être faites par acte authentique. On comprend par là le retentisse- ment qu'eut l'arrêt de la Cour de Lyon. Déjà on s'était ému avant cet arrêt des discussions soulevées par l'appli- cation de l'article 9. En 1862, les notaires d'Angoulême avaient adressé au Sénat une pétition dans laquelle ils demandaient qu'une loi vint mettre fin à cette controverse en dispensant expressément l'acquéreur de faire inscrire la renonciation à l'hypothèque légale que la femme lui aurait consentie. Cette pétition donna lieu à un rapport de M. de Casabianca qui conclut ainsi : « Nous pensons qu'il n'est nullement nécessaire de provoquer une loi nouvelle pour modifier une loi récente, dont la saine interprétation suffit pour obvier aux inconvénients signalés par les péti- tionnaires. Néanmoins, à raison de l'importance de la question et des divergences qu'elle a fait naître, nous proposons le dépôt de la pétition. » (*Moniteur* du 21 juin 1862.)

Un arrêt de la Cour de cassation, du 22 novembre 1880, laisse encore la question indécise. Mais cette incertitude a ému le législateur. Un projet de loi a été proposé pour excepter les renonciations abdicatives des règles de l'authenticité et de la publicité spéciale édictées par l'article 9, pour les actes translatifs de l'hypothèque légale de la femme. Ce projet est devenu la loi du 15 février 1889.

La jurisprudence d'ailleurs s'était prononcée, avant la promulgation de cette loi, pour l'opinion qu'elle a fait prévaloir. Après plusieurs jugements rendus dans ce sens par les tribunaux de première instance (1), un arrêt de la Cour de Dijon, du 4 août 1880 (Sirey, 1880, II, p. 323), et plus récemment un arrêt de la même Cour, en date du 6 février 1889 (2), décident que le tiers détenteur n'a pas besoin de recourir aux formalités prescrites par l'article 9 de la loi de 1855, pour pouvoir opposer une renonciation à l'hypothèque légale consentie en sa faveur par la femme du vendeur. D'après ce dernier arrêt, l'article 9 ne serait applicable qu'au droit de préférence : en effet, il ne fait aucune mention des tiers détenteurs ; d'après le 2e alinéa : « les dates des inscriptions ou mentions déterminent l'*ordre* dans lequel ceux qui ont obtenu des cessions ou renonciations *exercent les droits hypothécaires de la femme.* » Ces expressions semblent bien indiquer qu'il ne s'agit que de régler l'*ordre*, c'est-à-dire l'exercice du droit de préfé-

---

(1) Autun, 16 février 1874 : *Revue du notariat*, 1874, p. 283 ; — La Flèche, 26 août 1878 : *Journal des notaires et des avocats*, 1878, p. 656 ; — Beaune, 28 août 1879, *ibid.*, 1880, p. 35 ; — Le Mans, 28 janvier 1880 : *Journal des conserv. des hypothèques*, 1880, p. 33.

(2) Sirey, 1889, t. II, p. 78. Voir *ibid.* un arrêt de Douai du 23 décembre 1887 en sens contraire.

rence, entre les créanciers qui peuvent exercer l'hypothèque légale : l'acquéreur qui invoque une renonciation,
ne demande pas à exercer les droits de la femme, puisqu'il
prétend que ces droits sont éteints à son égard. L'exposé
des motifs de la loi vient d'ailleurs confirmer cette interprétation : il y est bien indiqué en effet que l'article 9 avait
pour but unique de mettre fin aux difficultés qu'avait fait
naître l'occultanéité des subrogations à l'hypothèque des
femmes mariées dans le règlement de l'ordre entre les
subrogés successifs. « On sait, y est-il dit, à quelles con-
testations a donné lieu l'exercice des droits hypothécaires
de la femme par les créanciers subrogés et quelles difficultés il a soulevées ; il y est mis fin en donnant à la date
des inscriptions ou mentions l'effet de régler l'ordre dans
lequel seront admis les cessionnaires. »

L'arrêt précité fait remarquer avec raison que l'article 9
n'a eu pour but et pour effet que d'étendre à l'hypothèque
légale de la femme, quand c'est un tiers qui l'exerce, le
régime commun à toutes les autres hypothèques. Cette
assimilation se justifie en effet parfaitement : l'hypothèque
de la femme peut être sans grand inconvénient dispensée
d'inscription, parce que ceux qui traitent avec le mari peuvent facilement en connaître l'existence, qui est une conséquence du mariage ; d'autre part cette dispense d'inscription a sa raison d'être dans la protection que le législateur
a voulu accorder à la femme ; mais si c'est un tiers qui
bénéficie de cette hypothèque, il n'y a plus de raison pour
lui faire la même faveur, et elle devient bien plus dangereuse pour les tiers, c'est-à-dire pour les subrogés postérieurs, auxquels rien ne vient révéler l'existence d'une
subrogation préférable à la leur. Le législateur veut qu'un
créancier hypothécaire ne puisse être préféré à un autre

que s'il a rempli les formalités nécessaires pour porter son hypothèque à la connaissance de cet autre : c'est la règle fondamentale en matière de publicité, et l'article 9 ne fait que revenir à cette règle, c'est-à-dire au droit commun. Or, de droit commun, lorsqu'un acquéreur a transcrit son titre d'acquisition, les hypothèques postérieurement inscrites sur l'immeuble ne lui sont pas opposables.

Cette jurisprudence nous paraît conforme à l'esprit de l'article 9. Il est difficile d'admettre que le législateur ait voulu obliger l'acquéreur à prendre et à renouveler tous les dix ans sur son propre immeuble l'inscription d'une hypothèque à laquelle on a renoncé en sa faveur, qui par conséquent est éteinte aux termes de l'article 2180-2° du Code civil, que les auteurs de la loi de 1855 n'ont pas manifesté l'intention de modifier. Si on soumet les simples renonciations abdicatives à la publicité établie par l'article 9, il faudra les soumettre aussi à la règle de l'authenticité : toutes les fois qu'une femme interviendra dans une aliénation faite par son mari, la rédaction d'un acte authentique sera nécessaire. Le législateur ne l'a certainement pas voulu (1). Il est vrai que l'article 9 parle de renonciations : mais il vise ainsi, le contexte l'indique, les renonciations conçues *in favorem*, en vertu desquelles celui qui en bénéficie peut *exercer les droits de la femme*, et c'est à juste titre qu'il les assimile aux cessions en vertu de leur caractère translatif.

L'application aux renonciations abdicatives de la publicité établie par l'article 9, est-elle nécessaire comme on le prétend pour empêcher les subrogations frauduleuses? Les

_____

(1) Voir le rapport de M. Debelleyme au nom de la commission. *Interprétation de la loi du 23 mars 1855*, par Hervieu, p. 11.

tiers n'auront-ils aucun moyen de savoir si la femme peut encore disposer de son hypothèque légale ou si elle a perdu ce droit par une renonciation?

Nous pensons que les tiers diligents seront suffisamment avertis par la transcription de l'acte de vente. Sans doute c'est aller trop loin que de prétendre, comme on l'a fait (1), que l'acheteur devient par la transcription, à l'égard des autres subrogés, un tiers dans le sens de l'article 9, que par conséquent une subrogation ne lui est opposable que si elle est inscrite antérieurement à cette transcription. En matière de publicité, une personne est un tiers à l'égard d'une autre, et peut lui opposer le défaut de publicité lorsqu'elle a elle-même publié le titre qui la constitue ayant cause du même auteur que cette autre : donc, dans notre hypothèse, l'acquéreur, n'ayant pas publié la renonciation en vertu de laquelle il est ayant cause de la femme, n'est pas un tiers à l'égard des autres subrogés, dans le sens de l'article 9. Mais il n'en est pas moins vrai que la transcription requise par l'acquéreur fera le plus souvent (2) connaître aux tiers diligents ce qu'ils ont intérêt à savoir et rendra ainsi à peu près impossible une subrogation frauduleuse à leur préjudice. Quoi qu'on en ait dit, les intéressés n'auront pas beaucoup de peine à découvrir dans l'acte de vente la clause contenant la renonciation.

Nous croyons, contrairement à l'opinion de Mourlon (*Transcription*, nos 1105 et 1106), que l'acquéreur ne pourra opposer la renonciation qu'à la condition d'avoir transcrit l'acte d'aliénation à l'occasion duquel cette renonciation

(1) Mourlon, *Transcription*, n° 969.
(2) Il en serait autrement si la renonciation avait eu lieu par acte séparé. — Pour cette hypothèse, voir *infra*.

sera intervenue. En effet, tant que la transcription n'aura pas eu lieu, le subrogé pourra dire qu'il ne connaît pas l'acquéreur, qu'il exerce son action hypothécaire contre le mari qui pour lui est toujours propriétaire. Avant d'invoquer la renonciation, le nouveau propriétaire devra établir sa qualité d'acquéreur, et par conséquent invoquer la transcription.

Supposons qu'un immeuble grevé de l'hypothèque légale d'une femme mariée ait été vendu à Primus et que la femme ait renoncé en sa faveur à son hypothèque légale. Postérieurement elle subroge Secundus à cette même hypothèque. Si Secundus inscrit la subrogation avant que Primus ait transcrit son acte de vente, l'aliénation ne lui sera pas opposable, son inscription aura tout son effet utile : il pourra exercer le droit de suite. Si Secundus n'inscrit que postérieurement à la transcription opérée par Primus, la renonciation lui sera opposable ; mais il n'aura pas à se plaindre, car avant de traiter il n'avait qu'à consulter le registre des transcriptions qui lui aurait fait connaître les conditions de la vente, et notamment la renonciation à l'hypothèque légale consentie à Primus. Il est dans la même situation qu'un créancier hypothécaire ordinaire qui n'inscrirait son hypothèque qu'après la transcription de l'acte d'aliénation de l'immeuble : son hypothèque doit être considérée à l'égard des tiers comme constituée *a non domino*. Sans doute l'inscription de la renonciation eût augmenté la publicité, mais la loi considère la transcription comme une publicité suffisante des transmissions d'immeubles.

Dans le cas où l'aliénation de l'immeuble avec renonciation à l'hypothèque légale en faveur de l'acquéreur est postérieure à la subrogation, la solution serait la même.

Si le subrogé avait inscrit avant la transcription de l'acte de vente, celui-ci ne lui serait certainement pas opposable ; s'il ne l'avait pas fait, il serait en faute de n'avoir pas pris inscription immédiatement ; sa négligence serait encore plus grave que dans le cas précédent : il ne devrait donc pas se plaindre. Le défaut de publicité de la renonciation ne fait jamais courir au subrogé un danger spécial, car cette renonciation ne lui est opposable que dans le cas où l'aliénation elle-même peut lui être opposée.

Il peut arriver qu'après une première vente avec renonciation à l'hypothèque légale, l'immeuble soit vendu de nouveau à un second acquéreur qui ignore la première vente et que ce nouvel acquéreur obtienne, lui aussi, de la femme la renonciation à son hypothèque légale. Si le premier acquéreur, Primus, a transcrit son acte de vente, la nouvelle vente faite à Secundus ne lui sera pas opposable, car il sera devenu propriétaire à l'égard de tous. Secundus ne pourra se prévaloir de ce que la renonciation n'a pas été inscrite : la transcription lui faisait suffisamment connaître la première vente ; Primus n'aura d'ailleurs pas besoin d'invoquer la renonciation, car Secundus, n'étant pas lui-même subrogé à l'hypothèque légale, ne pourrait en aucun cas exercer les droits de la femme. Si au contraire Secundus transcrit le premier, il a un droit de propriété opposable à tous, et Primus ne peut même pas lui opposer l'hypothèque légale, puisqu'il n'a obtenu qu'une renonciation : peu importe à Secundus que cette renonciation ait été inscrite ou non.

Nous croyons que la publicité prescrite par l'article 9 ne serait pas davantage applicable si la renonciation avait lieu par acte séparé : cette solution nous paraît commandée dans un cas comme dans l'autre par le texte de la loi et par son esprit : la nécessité d'accomplir les formalités de publicité édictées par l'article 9 est incompatible avec le but même d'une renonciation à l'hypothèque légale. Sans doute, dans ce cas, il y a danger pour les tiers, car la transcription de l'acte d'aliénation ne porte pas la renonciation à leur connaissance. Mais ce danger n'existe pas seulement dans cette hypothèse : la renonciation n'a en somme pour effet que de dispenser l'acquéreur de recourir aux formalités de la purge de l'hypothèque légale qu'il est toujours en droit d'opérer et qui aboutit au même résultat : or, si l'on suppose que l'acquéreur, n'ayant pas obtenu la renonciation de la femme, ait procédé à la purge, les tiers qui plus tard demanderont à la femme une subrogation seront-ils avertis que l'hypothèque légale a cessé d'exister? Sans doute la purge est accompagnée de formalités de publicité, mais cette publicité n'est efficace que pour le présent, elle ne laisse aucune trace ; les tiers n'ont aucun moyen pratique de s'assurer de l'existence de l'hypothèque légale de la femme. La transcription leur apprendra seulement que l'immeuble n'appartient plus au mari ; dès lors ils ne doivent pas compter sur l'efficacité d'une subrogation aux droits de la femme en tant qu'ils portent sur cet immeuble, et en fait ils n'y compteront guère. Toutefois nous reconnaissons qu'il eût été préférable que la renonciation consentie par acte séparé fût rendue publique, par exemple par une mention en marge de la transcription de l'acte d'aliénation, comme l'exige la nouvelle loi du 15 février 1889.

On voit donc que la nécessité d'une publicité spéciale pour les simples renonciations à l'hypothèque légale de la femme ne s'impose nullement. Nous ne croyons pas que le législateur ait voulu l'exiger.

Loi du 15 février 1889. — La question est aujourd'hui tranchée législativement par la loi du 15 février 1889. (Dalloz, 1889, VI, p. 24.)

Le 26 novembre 1881 était présenté devant la Chambre des députés un projet de loi rédigé en ces termes :

« Il sera ajouté à l'article 9 de la loi du 23 mars 1855 une disposition ainsi conçue : La renonciation par la femme à son hypothèque légale au profit de l'acquéreur d'immeubles aliénés par son mari, à quelque titre que ce soit, emporte extinction de cette hypothèque et vaut purge, à partir soit de la transcription de l'acte d'aliénation, si la renonciation y est contenue, soit de la mention faite en marge de la transcription de l'acte d'aliénation, si cette renonciation a été consentie par acte authentique distinct. La transcription ou la mention ainsi opérées sont opposables à tous les créanciers subrogés par la femme dans ses droits hypothécaires qui n'ont pas fait incrire les subrogations et renonciations consenties à leur profit avant la transcription ou avant la mention ci-dessus indiquées (1). »

Ce projet donnait lieu à un rapport de M. Bernier, le 14 octobre 1884 (2). Sous la législature suivante, il était présenté de nouveau le 16 novembre 1885 (3) et donnait lieu à un nouveau rapport de M. Bernier (4), le 27 mars 1886. Il était adopté en deuxième délibération le 27 mai suivant avec quelques modifications. La Chambre supprimait comme inutile la deuxième phrase, relative aux effets de la transcription de l'acte d'aliénation ou de la mention

---

(1) Voir l'exposé des motifs au *Journal officiel*, documents parlementaires, 1881, p. 1836, annexe 1381.
(2) *Ibid.*, 1881, p. 1751, annexe 3113.
(3) Exposé des motifs, *ibid.*, 1886, p. 377, annexe 106.
(4) *Ibid.*, 1886, p. 1303, annexe 583.

de la renonciation. Elle ajoutait le mot *authentique* pour qualifier l'acte d'aliénation et indiquer ainsi que la renonciation ne pourrait résulter que d'un acte notarié.

Un deuxième alinéa était ajouté, d'après lequel le concours de la femme à l'acte d'aliénation emporterait de sa part renonciation à l'hypothèque légale. Enfin, dans un troisième alinéa, le projet obligeait le notaire à donner lecture à la femme de la présente disposition, afin qu'elle connût bien les conséquences de son concours. Voici le texte adopté par la Chambre des députés : « Il sera ajouté à l'article 9 de la loi du 23 mars 1855 une disposition ainsi conçue : La renonciation par la femme à son hypothèque légale au profit de l'acquéreur d'immeubles grevés de cette hypothèque en emporte extinction et vaut purge, à partir soit de la transcription de l'acte *authentique* d'aliénation, si la renonciation y est contenue, soit de la mention faite en marge de la transcription de l'acte d'aliénation, si la renonciation a été consentie par acte authentique distinct. — En l'absence de stipulations contraires, cette renonciation résulte du concours de la femme à l'acte d'aliénation. — Le notaire qui reçoit l'acte d'aliénation est tenu de donner lecture à la femme de la présente disposition et de mentionner cette lecture dans l'acte, à peine de 20 francs d'amende. »

Ce projet, présenté le 12 juin 1886 au Sénat, y fut, le 27 janvier 1888, l'objet d'un rapport de M. Merlin (1) qui signale les divergences de la doctrine et de la jurisprudence sur la question et fait ressortir les inconvénients de l'interprétation que nous avons combattue. Il montre que ce système conduit à rendre la purge nécessaire même pour

(1) *Journal officiel* du 7 avril 1888, doc. parlem., p. 7, annexe 87.

les ventes les moins importantes, dont le prix sera ainsi absorbé par les frais. Cette doctrine « décrète, en quelque sorte, dit-il en citant l'exposé des motifs, l'hypothèque générale et indéfinie de toute la petite propriété. C'est le trouble jeté dans les mutations immobilières ; c'est l'exploitation de l'acquéreur par les vendeurs de mauvaise foi ; c'est la purge légale rendue inévitable même pour les ventes les plus minimes ; c'est l'ordre et la consignation en permanence : l'acquéreur ne peut payer à l'amiable un vendeur qui ne peut dégrever l'immeuble. »

Le rapporteur rend compte de la discussion qui se produisit au sein de la commission à propos de l'authenticité de l'acte contenant la renonciation, et à la suite de laquelle on fut d'avis que l'acte sous seing privé suffirait et que le mot *authentique,* ajouté par la Chambre au projet primitif, disparaîtrait, ainsi que le dernier alinéa devenu sans objet : la commission jugeait avec raison que l'authenticité, tout en entraînant des frais considérables, ne serait pour la femme qu'une garantie illusoire ; toutefois elle l'exigeait dans le cas où la renonciation a lieu par acte séparé. Elle proposait encore d'ajouter au deuxième alinéa les mots « soit comme co-venderesse, soit comme garante solidaire de la vente, » afin que la renonciation ne pût résulter d'un concours quelconque. Enfin un dernier alinéa devait être ajouté au projet pour réserver à la femme son droit de préférence sur le prix.

La première délibération au Sénat s'ouvrit le 6 février 1888. Le garde des sceaux, M. Fallières, insista pour le maintien de l'acte authentique, faisant valoir ce motif qu'on ne pouvait prendre trop de garanties quand il s'agissait de dépouiller une femme de son hypothèque légale. S'inspirant des mêmes idées, M. Léon Renault pro-

posa un amendement qui donna lieu, avec d'autres modifications, à un rapport supplémentaire de M. Merlin, le
25 mai 1888 (1). La première délibération fut reprise le
23 octobre et suivie immédiatement de la deuxième. Cette
fois la commission elle-même proposait l'adoption de
l'amendement Léon Renault qui fut adopté en effet le
29 octobre 1888, avec l'ensemble du projet de loi dont il
forme le deuxième alinéa. A la disposition, proposée par la
commission, qui réservait à la femme son droit de préférence sur le prix, le Sénat, conformément à l'amendement de M. Lacombe, ajoutait ces mots : «...Mais sans
pouvoir répéter contre l'acquéreur le prix ou la partie du
prix par lui payé de son consentement et sans préjudice
du droit des autres créanciers hypothécaires. » M. Merlin
fait remarquer à ce sujet dans son rapport que, dans le
cas où l'acquéreur a payé au mari, sans le concours ou le
consentement de la femme, la question de savoir si celle-
ci a un recours contre lui a été diversement résolue par la
jurisprudence.

D'après le texte adopté, le consentement de la femme au
paiement du prix est nécessaire pour mettre l'acquéreur
à l'abri de toute réclamation de sa part: Mais ce consentement ne pourra préjudicier aux droits des autres créanciers hypothécaires qui, dans l'ordre ouvert sur le prix,
pourront exiger que la femme déduise de sa production
le montant de la somme au paiement de laquelle elle aura
consenti. Nous n'insisterons pas sur cette disposition qui
est étrangère au droit de suite. Il en est de même du dernier alinéa ajouté par la loi nouvelle à l'article 9 de la loi
du 23 mars 1855 qui veut que le concours ou le consen-

(1) *Journal officiel* du 30 août 1888, doc. parlem., p. 314, annexe 311.

tement donné par la femme à un acte d'aliénation contenant quittance du prix ou à l'acte ultérieur de quittance
emporte subrogation au profit de l'acquéreur à l'égard des
créanciers hypothécaires postérieurs. Il ne s'agit plus ici,
on le voit, de droit de suite, mais de droit de préférence :
il n'y a plus une simple renonciation abdicative, mais une
véritable subrogation ; aussi la fin de l'alinéa indique-t-elle
que cette subrogation ne vaudra à l'égard des autres cessionnaires de l'hypothèque légale qu'autant que les formalités prescrites par le § 1er de l'article 9 auront été accomplies.

Le projet, voté par le Sénat, revint à la Chambre le
10 novembre 1888 (1), où il fut l'objet d'un nouveau rapport de M. Bernier. Après les deux délibérations exigées
par la Constitution, il était adopté sans modifications nouvelles le 5 février 1889. Voici le texte définitif :

« Article unique. — Il sera ajouté à l'article 9 de la loi
du 23 mars 1885 une disposition ainsi conçue :

« La renonciation par la femme à son hypothèque légale
» au profit de l'acquéreur d'immeubles grevés de cette
» hypothèque en emporte extinction et vaut purge, à par-
» tir, soit de la transcription de l'acte d'aliénation, si la
» renonciation y est contenue, soit de la mention faite en
» marge de la transcription de l'acte d'aliénation, si la re-
» nonciation a été consentie par acte authentique distinct.

» Dans tous les cas, cette renonciation n'est valable et
» ne produira les effets ci-dessus que si elle est contenue
» dans un acte authentique.

» En l'absence de stipulation expresse, la renonciation
» par la femme à son hypothèque légale au profit de l'ac-

(1) *Journal officiel* du 19 mars 1889, doc. parlem., p. 515, annexe 3162.

» quéreur résulte de son concours à l'acte d'aliénation,
» soit comme co-venderesse, soit comme garante soli-
» daire de la vente.

» Toutefois la femme conserve son droit de préférence
» sur le prix, mais sans pouvoir répéter contre l'acqué-
» reur le prix ou la partie du prix par lui payé de son
» consentement et sans préjudice des droits des autres
» créanciers hypothécaires.

» Le concours ou le consentement donné par la femme,
» soit à un acte d'aliénation contenant quittance totale ou
» partielle du prix, soit à l'acte ultérieur de quittance
» totale ou partielle, emporte même à due concurrence,
» subrogation à l'hypothèque légale sur l'immeuble vendu,
» au profit de l'acquéreur, vis-à-vis des créanciers hypo-
» thécaires postérieurs en rang; mais cette subrogation ne
» pourra préjudicier aux tiers qui deviendraient cession-
» naires de l'hypothèque légale de la femme sur d'autres
» immeubles du mari, à moins que l'acquéreur ne se soit
» conformé aux prescriptions du paragraphe 1er du pré-
» sent article. »

» Les dispositions qui précèdent sont applicables à la
Guadeloupe, à la Martinique et à la Réunion. »

Le § 1er est le seul relatif à la question qui nous occupe. Il consacre l'interprétation que nous avons donnée
de l'article 9 de la loi du 23 mars 1855 : la renonciation
de la femme à son hypothèque légale équivaut à une purge;
l'acquéreur à qui cette renonciation a été consentie n'aura
donc pas d'inscription à requérir; il ne sera pas tenu de
recourir aux formalités prescrites par les articles 2181
et suiv. du Code civil pour la purge. Toutefois les mots
« en emporte extinction » ne doivent s'entendre que dans
un sens restreint et font double emploi avec le second

10

membre de phrase ; le droit de suite seul est éteint ; la femme conserve son droit de préférence, comme l'indique le § 4.

L'effet attribué par la loi nouvelle à la renonciation se produira à l'égard de tout acquéreur, que ce soit un acheteur, un coéchangiste ou un donataire : dans ce dernier cas il ne peut, bien entendu, être question de droit de préférence, puisqu'il n'y a pas de prix.

La renonciation ne produira son effet à l'égard de l'acquéreur qu'à partir, soit de la transcription de l'acte d'aliénation, si la renonciation y est contenue, soit de la mention faite en marge de la transcription de cet acte, si la renonciation a été consentie par acte authentique distinct : ainsi le registre des transcriptions fera, dans tous les cas, connaître la renonciation aux intéressés. La loi n'accorde à l'acquéreur aucun délai pour accomplir ces formalités. Il reste donc exposé au danger de se voir évincé par une cession d'hypothèque inscrite dans l'intervalle qui sépare la renonciation et la transcription de l'acte où elle est contenue. Mais un danger semblable existe pour tous les acquéreurs qui peuvent se voir opposer une hypothèque inscrite depuis la vente, mais avant sa transcription. Nous avons déjà critiqué à ce point de vue le régime établi par la loi du 23 mars 1855 : la même critique peut être reproduite ici.

La nouvelle loi veut qu'une renonciation à l'hypothèque légale de la femme ne puisse être contenue que dans un acte authentique. Cette disposition impose aux parties des frais considérables, dans un très grand nombre de ventes, souvent peu importantes : elle nous paraît méconnaître absolument les nécessités de la pratique.

Les deux derniers articles de la loi du 15 février 1889

ont déjà été l'objet de critiques très vives, notamment le § 4 qui conserve à la femme son droit de préférence sur le prix : nous n'avons pas à parler ici de cette disposition étrangère à notre sujet.

Le § 5 manque de clarté et semble en contradiction avec ce qui précède : mais il est facile de découvrir que la subrogation dont il parle ne porte que sur le droit de préférence. Cela résulte clairement des travaux préparatoires (1). Nous laisserons donc également de côté cette disposition (2).

————————

Telle est dans son ensemble l'organisation de la publicité nécessaire à l'exercice du droit de suite. Cette publicité est sérieuse, mais elle présente encore des lacunes regrettables et son fonctionnement rencontre des difficultés qui semblent appeler de nouvelles réformes. Nous avons vu que la transcription n'est pas exigée pour le transfert de la propriété à cause de mort : ainsi, lorsqu'un créancier, ignorant l'existence d'un legs, prend une inscription postérieurement au décès sur le *de cujus* ou l'héritier du sang, cette inscription est inefficace. Une autre lacune regrettable, que nous avons indiquée, comprend les résolutions, rescisions ou nullités des actes translatifs de propriété. Les dispositions de l'article 4 ne donnent pas aux tiers une sécurité complète.

En somme, même au point de vue de son efficacité, la

_____

(1) Voir l'amendement de M. Lacombe et le rapport complémentaire de la commission du Sénat sur cet amendement, *loc. cit.*

(2) Voir pour le commentaire et la critique de la loi du 15 février : *Lois nouvelles*, 1889, 1re partie, p 85 à 167, article de M. Escorbiac.

publicité établie par la loi de 1855 laisse à désirer : le
tiers n'est jamais absolument sûr que la chose appartienne
à son propriétaire apparent : un legs, une résolution de
vente ont pu, à l'insu du public, en transférer la propriété
à un autre.

Si on se place au point de vue de la facilité de son fonctionnement, le système de publicité aujourd'hui en vigueur prête encore à de graves critiques. Il ne permet pas
en effet aux tiers, étant donné un immeuble, d'en connaître immédiatement la situation juridique. Il leur faudra rechercher les divers propriétaires successifs de l'immeuble et demander au nom de chacun d'eux un état des
inscriptions, s'assurer que toutes les ventes ont été tran-
scrites : le défaut de transcription d'une seule vente rendra
inefficace la publicité donnée à toutes celles qui ont suivi;
l'acquéreur, pour être à l'abri du droit de suite, devra
non-seulement transcrire son titre, mais transcrire aussi
ceux des précédents propriétaires s'ils ne l'ont pas été. On
voit que notre système de publicité est assez compliqué
et que les causes d'erreur y sont nombreuses.

Pour éviter ces difficultés il faudrait un système de publicité fondé sur des bases toutes différentes, des registres
présentant l'état juridique de tous les biens, où chaque
immeuble aurait sa page. Ce système est pratiqué dans
certains pays, notamment en Allemagne, en Australie, en
Tunisie (1), où il donne de bons résultats. Mais il n'est
guère possible que dans les pays où la propriété est peu
divisée, où la terre est répartie en grands domaines qu'il
est facile de désigner. Il serait difficilement praticable chez
nous où le sol est extrêmement morcelé : pourrait-on ar-

(1) Voir *infra*.

river à donner à chaque parcelle une désignation suffisamment claire, permettant de retrouver sa page sur les registres fonciers? Encore faudrait-il à chaque partage d'un bien, ajouter de nouvelles pages à ces registres.

Enfin de nombreuses critiques ont été dirigées contre l'occultanéité des hypothèques légales (1). Peut-être ont-elles été exagérées, car en somme les faits qui donnent naissance à ces hypothèques sont généralement connus des tiers, et dans tous les cas il leur est facile d'en être instruits. Mais c'est avec raison qu'on fait remarquer que le moyen de protection que la loi a établi en faveur de la femme se retourne contre elle : les tiers qui traitent avec le mari, s'ils sont prudents, exigent en effet l'engagement de la femme, engagement qui implique naturellement une renonciation à l'hypothèque légale. Ainsi, en fait, non-seulement la garantie donnée par le législateur à la femme devient illusoire, mais elle a encore pour effet d'entraîner la femme à s'obliger personnellement envers les créanciers du mari.

L'hypothèque légale des mineurs est très onéreuse pour le tuteur dont la fortune consiste en immeubles ; si au contraire le tuteur n'a que des biens mobiliers, il n'y a plus de garantie pour le pupille.

En somme, les hypothèques légales constituent un moyen de protection très défectueux : aussi beaucoup de publicistes en demandent-ils la suppression : on pourrait les remplacer, au moins facultativement, par d'autres sûretés.

Pour permettre de se rendre compte de la valeur de notre législation actuelle sur la matière qui nous occupe, nous jetterons un coup d'œil sur quelques législations étrangères.

---

(1) Mourlon, *Transcription*, ch. VII.

LÉGISLATIONS ÉTRANGÈRES

On peut ramener les divers régimes de publicité hypothécaire adoptés par les législations contemporaines à deux types : le système français, que nous venons d'étudier, et le système germanique, qui a pour base les registres fonciers. Seule des États civilisés, l'Angleterre n'a organisé aucune publicité hypothécaire : aussi les immeubles ne donnent-ils dans ce pays qu'un crédit fort douteux, malgré la répression sévère du stellionat.

Le système français à l'étranger. — Le système français est établi en Italie, où l'on a adopté les grandes lignes de notre loi de l'an VII. La transcription est exigée pour le transfert de la propriété à l'égard des tiers ; les hypothèques légales sont soumises comme les autres à l'inscription.

Le système belge se rattache au même type ; toutefois d'importantes modifications ont été apportées aux dispositions du Code civil. La publicité a été étendue aux actes de partage ; l'hypothèque judiciaire a été supprimée et les hypothèques légales soumises à l'inscription.

La Grèce, la Roumanie et plusieurs cantons suisses ont également un régime hypothécaire analogue au système français.

Nous avons signalé les inconvénients de ce système, dans lequel les inscriptions sont portées sur les registres

par ordre de date et où par suite les états sont délivrés,
non pas sur tel ou tel immeuble, mais sur telle ou telle
personne : le capitaliste qui veut prêter sur un immeuble,
ou celui qui veut acheter une propriété est obligé, pour
en connaître la situation hypothécaire, de rechercher les
noms des propriétaires successifs et de requérir des états
d'inscriptions et de transcriptions sur chacun d'eux ; des
omissions, des confusions de noms, des erreurs sur les
immeubles imparfaitement désignés peuvent se produire.

Système germanique. — Certaines législations évitent
ces inconvénients au moyen de registres fonciers, où chaque immeuble, soigneusement désigné, a sa page, relatant
toutes les modifications qui se produisent dans sa situation
juridique. Ces registres correspondent autant que possible à un cadastre qui joue le rôle de répertoire. Ce système,
usité depuis longtemps en Allemagne, est désigné sous le
nom de système germanique.

Au moyen âge, le système de publicité des coutumes
de nantissement, que nous avons exposé, s'était répandu
en Allemagne. Il s'y est conservé et développé. En Prusse,
une loi du 4 février 1722 pose le principe de la publicité
des hypothèques : c'est le point de départ du système germanique.

La législation aujourd'hui en vigueur dans le royaume
de Prusse, en matière hypothécaire, a été établie par
quatre lois du 5 mai 1872. Elle repose sur deux principes appelés le principe de publicité et le principe de légalité (1).

_____

(1) Voir à ce sujet l'*Essai d'une théorie générale de l'obligation,
d'après le Code civil allemand,* par M R. Saleilles, introd., p. 3 et 4 et note.

Le principe de publicité consiste dans cette règle que les droits réels n'existent, même entre les parties contractantes, que par leur inscription sur les registres fonciers par le fonctionnaire auquel la mutation est déclarée : ce fonctionnaire est un membre du tribunal, le juge conservateur. Les registres fonciers font foi à l'égard de tous : aucun droit réel ne peut être opposé à l'acquéreur de l'immeuble s'il n'y est inscrit.

Le principe de légalité consiste en ce que les registres ne doivent contenir que des déclarations dont l'exactitude et la validité sont vérifiées. Le juge conservateur doit examiner les titres qui sont produits par les contractants, s'assurer de la capacité des parties : celui qui veut constituer un droit réel sur son immeuble ou l'aliéner devra donc justifier de son droit de propriété.

Le registre foncier *(Grundbuch)* peut être tenu de deux manières. Le premier procédé est celui des feuilles réelles : un folio est attribué à chaque domaine ; toutes les modifications apportées à la situation juridique de l'immeuble y sont relatées ; en cas de partage un folio est affecté à chaque parcelle.

Le second procédé, plus commode pour les pays où la propriété est très divisée, est celui des feuilles personnelles : un folio est affecté à chaque propriétaire et présente la situation juridique de tous ses immeubles. Les registres fonciers sont en concordance avec le cadastre : lorsqu'on veut faire des recherches relativement à un fonds, il n'y a qu'à se reporter au plan cadastral, où il est facile de reconnaître chaque héritage, puis à chercher sur le *Grundbuch* le numéro correspondant à celui du plan.

Ainsi il est facile à l'acquéreur de connaître la situation

hypothécaire de l'immeuble qu'il achète et aucun droit réel occulte ne lui est opposable. De son côté le créancier peut aussi facilement s'assurer que celui auquel il demande une hypothèque est le vrai propriétaire de l'immeuble. Les erreurs, les omissions sont beaucoup moins à craindre qu'avec le système français (1).

Les principes du système germanique sont appliqués en Autriche, en Hongrie, en Hollande, en Espagne, en Suède. Nous dirons quelques mots de l'*Act Torrens* qui établit en Australie sur des bases analogues, un régime dont les résultats sont excellents : il a déjà servi de modèle à l'organisation de la publicité hypothécaire en Tunisie, et il est question de l'introduire en Algérie (2).

Système de l'Act Torrens. — L'*Act Torrens* (3) établit en Australie un système de publicité facultatif pour les propriétaires. Celui qui veut en bénéficier doit faire immatriculer son immeuble. L'immatriculation consiste à faire constater par l'autorité locale l'état de l'immeuble et à en faire dresser le titre. Le propriétaire rédige une demande désignant l'immeuble et les charges qui le grèvent; il y

---

(1) La loi allemande admet, à côté de l'hypothèque proprement dite, les *dettes foncières*: c'est une obligation qui n'engage pas tous les biens du débiteur, mais seulement un immeuble déterminé; le débiteur est dans la situation du tiers détenteur d'un immeuble hypothéqué. Une personne peut en tout temps requérir une inscription sur son propre immeuble et se faire délivrer en échange des *bons fonciers* jusqu'à concurrence de la somme pour laquelle l'inscription est prise : elle remettra ces bons aux prêteurs avec lesquels elle traitera. Le bon peut être à ordre et même circuler comme effet au porteur au moyen d'un endossement en blanc. Cela ressemble en somme aux cédules de la loi de l'an III, mais on n'a pas voulu en faire une sorte de papier monnaie : l'État n'en garantit pas la valeur. Les dettes foncières sont d'ailleurs peu usitées.

(2) Voir le *Système Torrens et son application en Algérie et en Tunisie*; rapport de M. Dain dans la *Revue algérienne*, 1883, I, p. 285.

(3) « *Real property act* » de 1861. — Voir le texte de cette loi dans la *Revue Algérienne*, 1886, I, p. 1.

joint un plan et ses titres de propriété. L'administration examine ces titres, fait une enquête, si elle le juge utile, et statue sur l'admissibilité de la demande; en cas de rejet, le propriétaire peut en appeler devant le tribunal. La demande admise, une publicité lui est donnée par voie d'annonces dans les journaux, de notifications aux intéressés, et, si l'administration le juge à propos, aux propriétaires voisins. Les intéressés peuvent former une opposition sur laquelle le tribunal statue. Si, le délai écoulé, il n'y a point eu d'opposition ou si le propriétaire a obtenu mainlevée, l'administration procède à la confection du titre : elle rédige deux certificats identiques contenant la description et le plan de l'immeuble, indiquant les charges dont il est grevé, y compris les baux de plus d'un an. L'un de ces certificats est conservé à l'administration centrale avec un numéro d'ordre, l'autre est remis au propriétaire. La réunion des certificats conservés par l'administration constitue le Grand Livre de la propriété foncière.

Le propriétaire qui veut aliéner son immeuble ou concéder un droit réel présente le certificat dont il est porteur et établit ainsi son droit de propriété et la situation juridique du fonds. Tout droit réel qui n'est pas mentionné sur le certificat est éteint : l'immatriculation produit l'effet de la purge, pourvu toutefois que le porteur du titre soit de bonne foi. Le tiers dépouillé par l'effet d'une omission n'a plus alors qu'une action en indemnité contre l'auteur de la fraude ou contre la personne qui en a profité, mais non contre le tiers de bonne foi; subsidiairement, il peut agir en garantie contre l'Etat; représenté par le *Registrar* général. Pour faire face à ces recours, il existe une caisse d'assurance alimentée par le droit de 2 pour 1,000 perçu sur les immatriculations.

Lorsqu'un fonds immatriculé est l'objet d'une aliénation, le propriétaire fait une demande de transfert, y joint le certificat dont il est porteur et envoie le tout à l'enregistrement. Le *Registrar*, après s'être assuré de la validité de l'aliénation, la mentionne sur le certificat conservé au registre foncier, y inscrit le nom du nouveau propriétaire, détruit le certificat de l'aliénateur et en rédige un nouveau au nom de l'acquéreur. S'il y a partage ou aliénation partielle, il est rédigé autant de titres nouveaux qu'il est fait de parts dans l'immeuble. Le même procédé est employé pour les constitutions de droits réels : mention en est faite sur le certificat du registre foncier ; mais, dans ce cas, le *Registrar* peut ne pas exiger la production du titre qui est laissé entre les mains du propriétaire : il est donc nécessaire, pour être renseigné d'une façon certaine sur la situation juridique de l'immeuble, de demander l'état des inscriptions portées au Grand Livre.

Ce système a très bien réussi : il consolide le crédit hypothécaire et le rend moins onéreux ; il facilite les aliénations d'immeubles en permettant aux parties de faire la plupart des actes sans recourir aux notaires. Au point de vue spécial du droit de suite, il donne une égale sécurité aux acquéreurs et aux créanciers hypothécaires : les premiers seront instruits par le registre foncier de tous les droits réels qui grèvent l'immeuble au moment où ils l'acquièrent : aucune hypothèque ne pourra leur être opposée si elle n'est inscrite sur ce registre et, à partir de l'aliénation, aucune hypothèque ne pourra être inscrite du chef du précédent propriétaire, puisque le certificat de propriété n'est plus à son nom. Quant aux créanciers hypothécaires, au moment où leur hypothèque sera inscrite, ils seront sûrs que le constituant est propriétaire, l'inscription ne pouvant avoir lieu que s'il est mentionné comme tel sur le Grand Livre.

Application de l'Act Torrens en Tunisie. — Le régime établi en Tunisie par une loi du 12 juillet 1885 et un décret du 16 mai 1886, cherche à concilier le système de l'*Act Torrens* avec celui du Code civil. Il est facultatif comme le régime de l'*Act Torrens* en Australie.

Le propriétaire doit faire une demande d'immatriculation à l'administration; cette demande est rendue publique; puis le juge de paix fait procéder, en présence des intéressés, à un bornage provisoire, annoncé vingt jours d'avance. Le procès-verbal est publié; cette publication est le point de départ d'un délai de deux mois pendant lequel les oppositions peuvent être reçues. Un tribunal mixte, composé de magistrats français et tunisiens, statue sur la recevabilité des oppositions : s'il les repousse, les opposants n'ont aucun recours; s'il les admet, les tribunaux ordinaires statuent définitivement. Le requérant fait dresser un plan conforme au bornage : cette disposition a pour but de préparer l'établissement d'un cadastre.

La demande admise purge tous les droits qui n'ont pas été reconnus par le tribunal. Le tiers qui se trouverait ainsi dépouillé ne peut agir en revendication, même en cas de fraude; il n'a qu'une action en dommages-intérêts contre l'auteur de la fraude et, subsidiairement, contre l'Etat qui prélève, pour y faire face, un droit de 1 pour 1,000 sur les immatriculations.

Le conservateur de la propriété foncière procède à la confection du titre : il y inscrit les droits réels dont l'existence a été judiciairement reconnue. Ce titre est inscrit sur un registre spécial appelé registre d'inscription; le propriétaire peut en obtenir une copie; les titulaires de droits réels obtiennent des certificats d'inscription. En cas de division, il est dressé un titre et un plan pour chaque parcelle.

Il est tenu en outre un répertoire où chaque immeuble, désigné par un nom, a, en quelque sorte, un compte ouvert : on y relate par extraits toutes les inscriptions qui concernent l'immeuble. On peut critiquer le procédé, conforme à la coutume locale, qui consiste à désigner les immeubles par un nom plutôt que par leur situation : il peut en résulter des confusions, surtout quand l'immeuble aura été partagé. On arriverait à un meilleur résultat au moyen d'un cadastre en concordance avec les registres fonciers : il est probable qu'on parviendra à établir ce cadastre au moyen des bornages auxquels donnent lieu les immatriculations.

Les dispositions de la loi tunisienne, relativement à l'effet de l'inscription, sont souvent obscures et même contradictoires : c'est la conséquence de la combinaison qu'on a voulu faire des principes du Code civil avec ceux de l'*Act Torrens*. Comme dans le système de notre Code civil, la propriété est transférée *inter partes* par le seul consentement : la publicité n'est exigée qu'à l'égard des tiers (art. 342, modifié par le décret du 16 mai 1886) (1), mais elle est nécessaire pour toute mutation. Le défaut d'inscription peut être opposé par tous les tiers, c'est-à-dire les ayants cause à titre particulier de l'aliénateur, aussi bien à titre gratuit qu'à titre onéreux. Est-il nécessaire qu'ils

(1) L'art. 342 primitif paraissait consacrer la règle que l'inscription est nécessaire pour le transfert des droits réels même *inter partes*. Le décret du 16 mai 1886 (*Revue algérienne*, 1886, III, p. 97) a mis fin aux incertitudes qui s'étaient élevées sur ce point.

soient de bonne foi? Sur ce point la loi contient des dispositions contradictoires (art. 38, art. 16). Nous croyons que
la véritable solution est donnée par le nouvel article 38
(déc. du 16 mai 1886) : « Toute personne dont les droits
auraient été lésés par suite d'une immatriculation ou d'une
inscription, n'aura jamais de recours sur l'immeuble,
mais seulement une action personnelle en dommages-
intérêts. » Elle a aussi un recours contre l'État (art. 39).

L'inscription est nécessaire pour tous les actes qui affectent la condition juridique de l'immeuble, soit entre
vifs, soit après décès.

Le conservateur de la propriété foncière n'a pas à examiner la validité quant au fond de l'acte dont l'inscription
est requise, mais il doit vérifier la capacité et la qualité
des parties. Il peut se refuser à faire l'inscription jusqu'à ce
qu'un jugement le lui ordonne; dans ce cas, il fait une
inscription provisoire à la date de laquelle l'inscription
définitive rétroagira.

La loi tunisienne n'admet aucune hypothèque occulte.
Les privilèges immobiliers sont supprimés, à l'exception
des privilèges généraux. L'hypothèque judiciaire est abo-
lie, seulement le créancier peut faire inscrire le comman-
dement à fin de saisie et rendre ainsi impossible toute
inscription sur l'immeuble pendant tout le cours de la
procédure.

Les hypothèques légales sont soumises aux règles de la
publicité et de la spécialité. Pour le mineur, le conseil de
famille, d'accord avec le tuteur, ou, en cas de contestation, avec l'homologation du tribunal, détermine les
conditions dans lesquelles il sera pris inscription. Toute
personne peut requérir l'inscription pour le mineur.
L'hypothèque de la femme doit être déterminée dans le

contrat de mariage ; elle peut être remplacée par une autre garantie.

Le régime tunisien présente tous les avantages de l'*Act Torrens* au point de vue de la facilité des transmissions de propriété et des constitutions d'hypothèques, de la sécurité des acquéreurs et des créanciers hypothécaires. La copie du titre qui est remise au propriétaire lors de l'immatriculation fait foi à l'égard des tiers; ils n'ont pas besoin de requérir un état des inscriptions. Cette copie est tenue conforme au titre original ; le conservateur ne consent à faire une inscription sur ses registres qu'à la condition que cette copie lui soit présentée. Toutefois, lorsque l'inscription sera requise par un autre que le propriétaire porteur de la copie du titre, ce qui a lieu pour les hypothèques des mineurs et des femmes mariées, le conservateur pourra y procéder sans se faire présenter la copie. Il notifiera alors l'inscription au propriétaire et dans la suite il refusera toute nouvelle inscription jusqu'à ce que celle-là ait été portée sur la copie.

Application du système Torrens en Algérie. — Les avantages d'un régime hypothécaire fondé sur les principes de l'*Act Torrens* ont appelé l'attention de quelques économistes et jurisconsultes français. Bien avant même la promulgation du *Real property act de 1861*, M. Decourdemanche, auteur d'un ouvrage dont nous avons parlé, avait publié en 1832 un projet de loi sur la mobilisation de la propriété foncière dont certaines dispositions rappellent celles de l'*Act Torrens*, et, en 1852, il avait proposé au gouvernement britannique un projet dont sir Robert Torrens paraît s'être inspiré (1). Nous avons également cité

(1) Voir *Revue algérienne*, 1886, I, p. 1, note 1.

plus haut l'ouvrage de M. Loreau, sur le *Crédit foncier et les moyens de le fonder.*

A une époque plus récente, M. Yves Guyot a, dans plusieurs ouvrages, attiré l'attention sur l'*Act Torrens* (1).

En 1885, M. Dain, professeur à la Faculté de droit d'Alger, fut chargé par le ministre d'étudier l'application par la loi tunisienne de l'*Act Torrens* et de rechercher si les dispositions de cette loi pouvaient être appliquées en Algérie. A la suite du rapport adressé par lui au gouverneur général (2), un projet de loi a été préparé pour l'Algérie par une commission spéciale. Il reproduit les grandes lignes du système tunisien. Nous n'entrerons pas dans l'examen de ce projet ; nous nous contenterons de renvoyer au texte, précédé d'un rapport présenté par M. Dain au nom de la commission, dans la *Revue algérienne* (1887, I, p. 1). Disons seulement que cette tentative d'établissement d'un nouveau régime hypothécaire paraît avoir des chances de succès dans notre colonie où la propriété est peu divisée.

---

(1) *La Propriété foncière et le système Torrens : Journal des Economistes,* octobre 1882, p. 12 ; — *la Science économique,* p. 34, etc.
(2) *Revue algérienne,* 885, I, p. 285.

POSITIONS

DROIT ROMAIN

I. — Dans l'interdit Salvien, le demandeur ne devait pas établir la validité du *pignus*.

II. — L'interdit Salvien peut être exercé contre un tiers aussi bien que contre celui qui a constitué le *pignus*.

III. — Il n'a pas existé d'interdit quasi-Salvien.

IV. — L'action Servienne peut être exercée avant l'échéance.

V. La vente du *pignus* faite par un créancier postérieur n'est pas nulle à l'égard de tous, mais seulement à l'égard du créancier premier en rang.

VI. — La *distractio pignoris* n'éteint pas les droits de gage et d'hypothèque *ipso jure*, mais seulement *exceptionis ope*.

VII. — En cas de novation par changement de débiteur, les hypothèques consenties par l'ancien débiteur ne peuvent pas être maintenues sans son consentement.

VIII. — Le créancier évincé de la chose qui lui avait été donnée en paiement avait le choix entre l'action *utilis ex empto* et l'action attachée à l'obligation primitive.

11

IX. — Les obligations de faire et de ne pas faire étaient nulles à l'origine.

X. — Le *jus offerendæ pecuniæ* ne pouvait exister qu'entre créanciers hypothécaires.

DROIT CIVIL

I. — Le Code civil a supprimé la nécessité de la transcription pour le transfert de la propriété à l'égard des tiers.

II. — La loi du 23 mars 1855 n'a pas abrogé l'article 17 de la loi du 3 mai 1841 sur l'expropriation pour cause d'utilité publique.

III. — La transcription d'un acte d'aliénation ne fait obstacle aux inscriptions d'hypothèques que du chef du propriétaire immédiatement précédent.

IV. — Antérieurement à la loi du 15 février 1889, les formes de publicité exigées par l'article 9 de la loi du 23 mars 1855 n'étaient pas applicables aux renonciations abdicatives de l'hypothèque légale de la femme.

V. — Le jugement obtenu par le créancier d'une succession contre l'héritier et condamnant ce dernier comme héritier pur et simple ne produit qu'un effet relatif, se restreignant aux parties en cause.

VI. — Les prélèvements de la femme commune en biens constituent des droits personnels et non des droits réels.

VII. — L'inaliénabilité des immeubles dotaux repose sur une incapacité dont la femme est frappée.

VIII. — En cas de vente volontaire suivie de purge, l'inscription hypothécaire n'a plus besoin d'être renouvelée dès le moment où l'acquéreur fait les notifications, qu'il y ait ou non surenchère.

PROCÉDURE CIVILE

I. — Il n'existe pas aujourd'hui d'actions mixtes pouvant attribuer compétence alternativement au tribunal de la situation ou au tribunal du domicile du défendeur, mais il peut y avoir concours d'actions sur le même objet, permettant de choisir entre divers tribunaux.

II. — Le débiteur poursuivi en vertu d'un titre exécutoire autre qu'un jugement peut dans tous les cas obtenir un délai de grâce.

DROIT CRIMINEL

I. — Parmi les sept condamnations exigées par le § 4 de l'article 4 de la loi du 27 mai 1885, il suffit que quatre au moins, dont deux de celles prévues aux §§ 2 et 3, aient été de plus de trois mois de prison, et on peut, pour compléter le nombre de sept, compter indifféremment les condamnations encourues pour délits spécifiés à ces deux paragraphes; il n'est pas nécessaire que ces condamnations aient été prononcées pour vagabondage ou infraction à l'interdiction de résidence.

II. — Les condamnations pour complicité ou pour tentative valent, en vue de la relégation, aussi bien que les condamnations prononcées contre les auteurs principaux.

Vu : *Le Doyen,*

VILLEQUEZ.

E. RENARDET.

Vu et permis d'imprimer :

Le Recteur,

C. CHAPPUIS.

TABLE DES MATIÈRES

---✳---

DROIT ROMAIN

Pages

Introduction.   5
Historique   7

PREMIÈRE PARTIE

De la prise de possession de la chose hypothéquée.   12
CHAPITRE Ier. — De l'interdit Salvien   14
CHAPITRE II. — De l'action Servienne.   23
CHAPITRE III. — De l'action quasi-Servienne.   25
    § 1er. — Conditions d'exercice de l'action hypothécaire.   26
    § 2. — Effets de l'action hypothécaire.   30

DEUXIÈME PARTIE

De la distractio pignoris.   35
CHAPITRE Ier.— Fondement du jus distrahendi; modifications
   qui peuvent y être apportées.   37
    § 1er. — Origine et nature du jus distrahendi . . .   37
    § 2. — Effet des conventions sur le jus distrahendi . .   40
CHAPITRE II. — A qui appartient le jus distrahendi . . .   44
CHAPITRE III. — Conditions d'exercice du jus distrahendi .   49
    § 1er. — Conditions relatives à la créance   50
    § 2. — Conditions relatives à l'hypothèque   51

CHAPITRE IV. — Formes de la *distractio pignoris* 54
§ 1er. — Formalités préliminaires 54
§ 2. — Formalités concomitantes de la vente 55
CHAPITRE V. — Conséquences de la *distractio pignoris*. . 58
SECTION Ire. — De la *dominii impetratio*. 59
SECTION II. — Des suites de la vente accomplie. 62
§ 1er. — De l'emploi du prix. 63
§ 2. — De l'extinction des dettes et des droits de gage
et d'hypothèque 67
Conclusion 71

DROIT FRANÇAIS

DES RÈGLES SPÉCIALES A LA PUBLICITÉ DES HYPOTHÈQUES ET DES
PRIVILÈGES IMMOBILIERS AU POINT DE VUE DE L'EXERCICE DU
DROIT DE SUITE. 73
PREMIÈRE PÉRIODE. — Ancien droit. 75
DEUXIÈME PÉRIODE. — Droit intermédiaire. 87
TROISIÈME PÉRIODE (1801-1855) 93
Système du Code civil 93
Système du Code de procédure 101
QUATRIÈME PÉRIODE. — Loi du 23 mars 1855 101
SECTION Ire. — Le droit de suite est exercé par le créancier
auquel l'hypothèque a été constituée. 110
§ 1er. — Aliénations réglés par la loi du 23 mars 1855. 111
§ 2. — A quelles inscriptions la transcription fait-elle
obstacle ? 119
SECTION II. — Le droit de suite est exercé par un cessionnaire
de l'hypothèque 128
Législations étrangères 151
Positions 165

Dijon, Imp. Jobard.

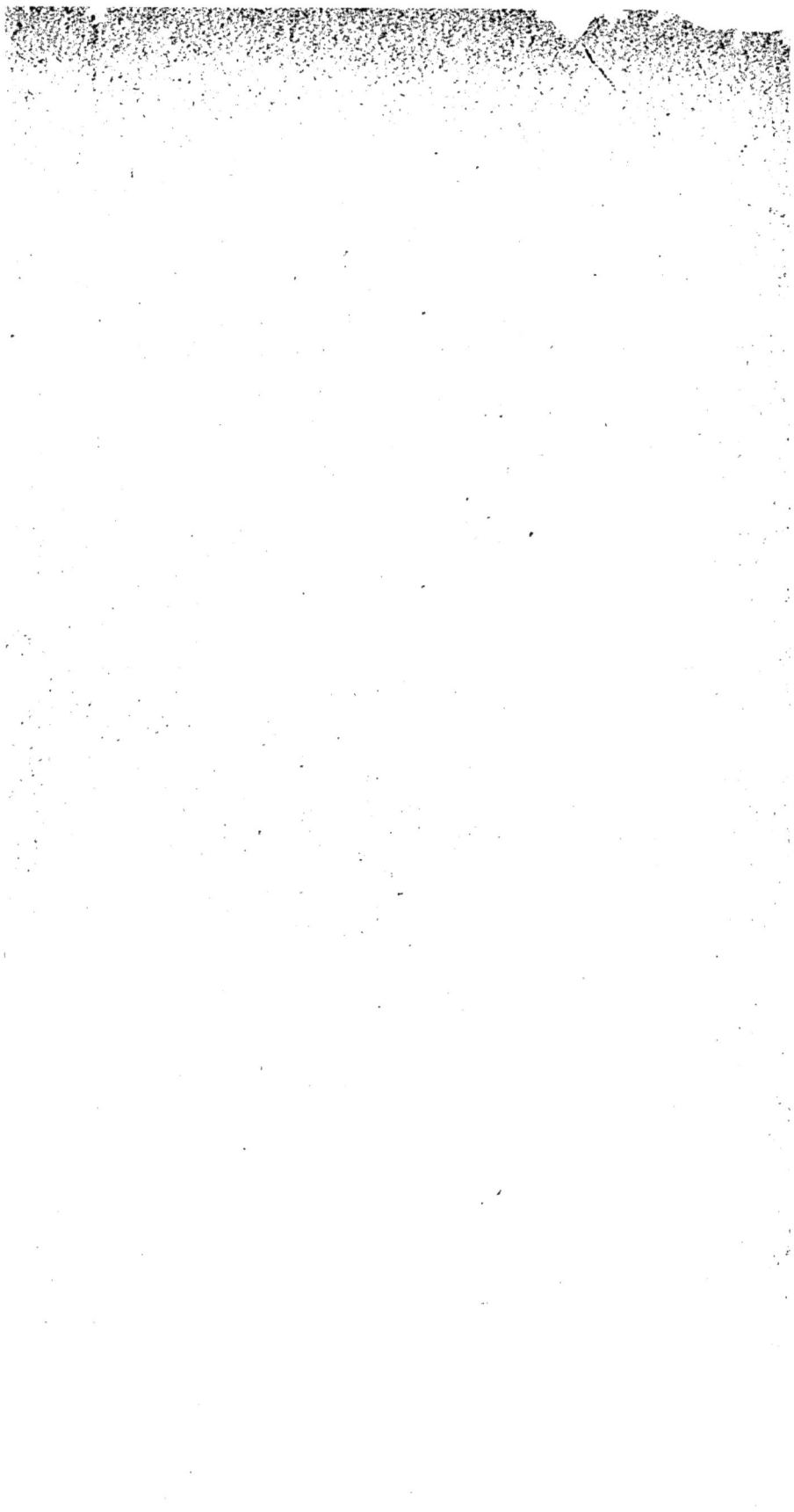

www.ingramcontent.com/pod-product-compliance
Lightning Source LLC
Chambersburg PA
CBHW050112210326
41519CB00015BA/3932